ÖSTERREICHISCHE AKADEMIE DER WISSENSCHAFTEN
PHILOSOPHISCH-HISTORISCHE KLASSE
SITZUNGSBERICHTE, 698. BAND

Andreas Luther

Historische Studien zu den *Bucolica* Vergils

VERLAG
DER ÖSTERREICHISCHEN AKADEMIE DER WISSENSCHAFTEN

WIEN 2002

Vorgelegt von k. M. ALEXANDER DEMANDT in der Sitzung am 21. Juni 2002

Umschlagbild:

Ludger tom Ring d. Ä. (1496–1547)
Der Dichter Vergil, um 1538
Öl/Eichenholz, 44,0 × 31,0 cm
Inv.Nr. 1173 FG

Besitzer: Westfälisches Landesmuseum für Kunst und Kulturgeschichte Münster/
Dauerleihgabe d. Gesellschaft zur Förderung d. Westf. Kulturarbeit e. V.

Foto: Rudolf Wakonigg

Umschlagentwurf: Hannes Weinberger (ÖAW)

ISBN 3-7001-3102-X

Herstellung: Ferdinand Berger & Söhne GesmbH., 3580 Horn

INHALTSVERZEICHNIS

Danksagung

Die hier vorgelegten Überlegungen bieten keinen umfassenden historischen Kommentar zu den *Bucolica* Vergils. Sie sollen nicht mehr sein als ein kurzer und thematisch begrenzter Diskussionsbeitrag zur Frage nach den historischen Rahmenbedingungen für die Entstehung der frühen augusteischen Dichtung, verbunden mit dem bescheidenen Versuch, die Frage nach dem Verhältnis zwischen dem Dichter und Octavian-Augustus neu zu beleuchten.

Eine leicht veränderte Version des zweiten Kapitels dieses Buches durfte ich am 24.7.2001 an der Universität Kiel vortragen. Eine frühere Fassung des vierten Kapitels habe ich zudem im Juli 2000 anläßlich einer Tagung an der Universität Innsbruck vorstellen können. Mein herzlicher Dank gilt all denen, die sich im Vorfeld kritisch mit dem hier Dargelegten auseinandergesetzt haben. Insbesondere seien hier genannt die Herren Professoren Ernst Baltrusch, Reinhold Bichler, Alexander Demandt, Peter W. Haider und Josef Wiesehöfer, außerdem Thomas Gerhardt, Axel Luther und PD Dr. Heinrich Schlange-Schöningen. Der Dank impliziert nicht, daß die Genannten meine Ansichten teilen müssen! Für alle auf den folgenden Seiten verbliebenen Fehler und Irrtümer bin ich im übrigen selbst verantwortlich. Ganz besonders danke ich schließlich meiner Frau Nicola für Ihre verständnisvolle und geduldige Unterstützung.

Berlin, im Januar 2002 A. Luther

1. Einleitung

In den *Bucolica* Vergils finden sich nur wenige manifeste Hinweise auf zeitgenössisches Geschehen.[1] Mit der Erwähnung des *Dionaei ... Caesaris astrum* in der 9. *Ecloge* spielt der Dichter auf das *sidus Iulium* an, einen Kometen, der im Juli 44 während der Spiele zu Ehren des toten Dictators in Rom gesehen wurde (Ecl. 9,47).[2] Die 1. und 9. *Ecloge* deuten wohl auf die Zuweisung italischen Bauernlands an die Veteranen Caesars durch die Caesarianer im Jahre 41, nach dem Sieg bei Philippi.[3] Der Consulat des Asinius Pollio (im Jahre 40)[4] ist Thema der 4. *Ecloge*. Neben Pollio (vgl. auch Ecl. 3,84-9) erwähnt Vergil auch den Consul Suffectus des Jahres 39,[5] (P. Alfenus) Varus (Ecl. 6,6-12. 9,26-7). Als zeitgenössische Personen werden zudem Varius und Cinna (Ecl. 9,35) sowie zwei Dichter namens Bavius und Maevius (Ecl. 3,90) genannt, ohne daß sich weitergehende chronologische Anhaltspunkte ergeben.[6] Dem Politiker und Elegiker

---

1 Vgl. die Einschätzung von Tarrant, *Poetry* S. 173: „*The Eclogues are paradoxically both the work in which contemporary events are most pervasively present and the one in which they are most thoroughly transformed to subordinate them to a poetic context*".

2 Vgl. Sueton, Iul. 88. Plinius, Nat. 2,23/93-4. Auf den Tod Caesars und seine Divinisierung (im Jahre 40) deutet wohl auch die Beschreibung des Todes des Hirten Daphnis in der 5. *Ecloge*, vgl. Ecl. 5,51-2: *Daphninque tuum tollemus ad astra. Daphnin ad astra feremus*. 5,64-6: *Deus, deus ille, Menalca! Sis bonus o felixque tuis! En quattuor aras: Ecce duas tibi, Daphni, duas altaria Phoebo*.

3 Vgl. Ecl. 1,3-4. 1,11-2. 9,2-6: *Vivi pervenimus, advena nostri (quod numquam veriti sumus) ut possessor agelli diceret: haec mea sunt, veteres migrate coloni. Nunc victi tristes, quoniam fors omnia versat, hos illi ... mittimus haedos*.

4 Inscriptiones Italiae 13,1 S. 504-5.

5 Inscriptiones Italiae 13,1 S. 506-7.

6 Der Dichter L. Varius Rufus war wohl noch nach Actium mit seiner Tragödie Thyestes hervorgetreten und scheint um 23 mit der Ausarbeitung eines Panegyricus auf Agrippa beschäftigt gewesen zu sein (Horaz, C. 1,6). Von Bavius berichtet Hieronymus, zu Ol. 186,2, daß er 35 starb: *M. Bavius poeta, quem Vergilius in Bucolicis notat, in Cappadocia moritur*. Vergil deutet allerdings im Hinblick auf Bavius nicht an, daß er zur Zeit der Veröffentlichung gelebt haben muß: *qui Bavium non odit, amet tua carmina,*

Gallus, der im Jahre 27 oder 26 aus dem Leben scheiden sollte, widmet Vergil neben einer kurzen Erwähnung in Ecl. 6,64 die gesamte 10. *Ecloge*. Als jüngste historische Anspielung (neben der Erwähnung des Varus) gilt traditionellerweise[7] eine Passage der 8. *Ecloge*, in der der (bevorstehende?) Sieg eines namentlich ungenannten Feldherrn über die Illyrer besungen wird. Während in früherer Zeit ein Bezug auf eine Expedition des Pollio im Jahre 39 als Proconsul von Macedonia gegen die Parthiner angenommen wurde,[8] legte vor Jahren G. Bowersock in m.E. überzeugender Weise dar, daß sich die Passage auf die Feldzüge Octavians im Illyricum Mitte der 30er Jahre bezieht,[9] so daß es

---

Maevi, atque idem iungat vulpes et mulgeat hircos. Dasselbe gilt im übrigen für die Erwähnung des des (wohl neoterisch orientierten) Dichters Cinna. Letzterer ist wohl mit dem Tribun C. Helvius Cinna zu identifizieren, der nach der Bestattung Caesars (demnach im Jahre 44) vom römischen Mob ermordet wurde (vgl. Morgan, *Death*). Maevius wird auch bei Horaz, Epod. 10 erwähnt (vgl. Porphyrio zu Epod. 10 und Sat. 2,3,239). Über ihn ist nichts Sicheres bekannt. Vgl. Kroll, *Mevius*.

7 Am Rande sei auf die Ansicht von Coleiro, *Introduction* S. 283-4 hingewiesen, die 10. *Ecloge* sei das jüngste Gedicht der Sammlung, entstanden um 37/36.

8 Vgl. Dio 48,41,7. Inscriptiones Italiae 13,1 S. 568 (Triumph Pollios *ex Parthineis VIII k. Novem. an. [ÐCCXIV?]*). Hieraus ergibt sich auch der in der älteren Forschung allgemein angenommene *Terminus post quem* für die Veröffentlichung der Sammlung: Schanz/Hosius, *Geschichte* § 220 (42-39). Rieks, *Dichtung* S. 763. Vgl. noch Seng, *Eklogenbuch* S. 107 und 112. Als zusätzliches Argument für eine Publikation um 39 führt man gern die antiken Nachrichten (z.B. der antiken Vergilbiographien und des Vergilkommentators Servius) an. Diese lassen sich jedoch nur mit Mühe auf das Jahr 39 beziehen: Vergil soll die *Bucolica* im 28. Lebensjahr geschrieben haben (so etwa Servius, Ecl. Prooem. S. 3), d.h. etwa im Jahre 42, da er nach der Vergil-Vita des Sueton-Donat (VSD §35) im September 19 mit 52 Jahren starb. Gleichzeitig hat er nach derselben Vita *bucolica triennio, georgica VII, Aeneida XI ... annis* vollendet (VSD §25. Vgl. Servius, Aen. 1 Prooem.). Nur wenn man *sciendum Vergilium XXVIII annorum scripsisse bucolica* (Servius) großzügig als B e g i n n der Abfassung (anstatt als Publikationsdatum) auslegt und das *triennium* Sueton-Donats auf das Jahr 42 folgen läßt, würde man in den Zeitraum 40/39 gelangen.

9 Bowersock, *Date* S. 78-80 und *Addressee*: Erstens kann sich die Wendung *seu magni superas iam saxa Timavi sive oram Illyrici legis aequoris* (Ecl. 8,6-7) wohl nicht auf Pollio beziehen, sondern verweist vielmehr auf

scheint, daß die *Bucolica* um 35/34 publiziert wurden. In scharfem Kontrast hierzu steht indes eine zweite – deutlich kleinere – Gruppe von Forschern, die (der Ansicht C. Schapers folgend) einen längeren Entstehungszeitraum der Gedichte postuliert und annimmt, die vorliegende Ausgabe der *Bucolica* müsse die erweiterte Zweitauflage einer früheren Sammlung der 30er Jahre sein.[10] Die abschließende Publikation der *Bucolica* in ihrer heutigen Form sei um oder bald nach 26 erfolgt,[11] zumal wohl der

---

Octavian: Pollios Parthiner saßen im Hinterland von Dyrrachium in Macedonia. Octavian aber führte Kriege im Illyricum in den Jahren 35-34, und hierbei auch in den Gebieten der Carni und Taurisci, die in der Nähe des zwischen Aquileia und Tergeste/Triest in die Adria mündenden Timavus-Flusses saßen, den Vergil erwähnt. Vgl. Dio 49,34-8. Appian, Ill. 16/46-28/83. Schmitthenner, *Unternehmungen* (bes. S. 201-17). Zweitens mag die Anspielung auf *sola Sophocleo tua carmina digna cothurno* (Ecl. 8,10) auf Octavian gemünzt sein, der nach Sueton, Aug. 85,2 eine Tragödie Aiax verfaßt hat. Drittens scheint Quintilian angenommen zu haben, daß sich die Wendung *inter victrices hederam tibi serpere lauros* (Ecl. 8,13) auf Augustus bezog, als er sie in einer Adresse an den Kaiser Domitian zitierte (Inst. 10,1,92). Vgl. Clausen, *Date* S. 202. Mankin, *Addressee* S. 76. Schmidt, *Chronologie* (passim). Clausen, *Theocritus* S. 309 und 311 sowie *Commentary* S. xxii und 233-6. Köhnken, *carmina* S. 82-3. Dagegen etwa: Tarrant, *Addressee*. Farrell, *Asinius* S. 210-1. Jüngst Coppola, *Asinio* S. 170-2. Seng, *Eklogenbuch* S. 64-75. Green, *Octavian* S. 232-6. Vgl. Hardie, *Virgil* S. 24. Van Sickle, *Commentaria*. Zetzel, *Servius* S. 140-2. Eine vermittelnde Position nimmt Koster, *Vergil* S. 131-3 ein, der in der 8. *Ecloge* Anspielungen auf beide, Pollio und Octavian, entdeckt und somit von einer beabsichtigten *ambiguitas* ausgeht.

[10] So etwa Schaper, *Entstehungszeit* S. 794 (Erstedition: „*die sieben rein bukolischen Gedichte*" Ecl. 1-3, 5, 7-9, Zweitedition: Ecl. 4, 6, 10) oder Coleman, *Vergil* S. 14-21 (Erstedition: „*Pollio group*" Ecl. 2-5 und 7-8, Zweitedition zusätzlich: Ecl. 1, 6, 9-10).

[11] Ausgehend von einem Publikationsdatum im Jahre 25 und wohl aufgrund der Angabe der Vergil-Viten, daß Vergil *bucolica triennio ... perfecit* (VSD §25), nahm Schaper, *Entstehungszeit* S. 794 an, daß der Dichter die Neuausgabe einer früheren Sammlung in den Jahren 27-25 v. Chr. erstellte („*vollendete sie in den drei Jahren 727-729*"). Eine ähnliche – vorsichtige – Vermutung brachte Coleman, *Vergil* S. 20 ins Spiel, der die Ansicht vertrat, das abschließende Arrangement der Gedichte „*may reflect the poet's feelings towards the Augustan Golden Age after the persecution of his friend Gallus*".

10. *Ecloge* die Situation des Jahres 26 v. Chr., nach dem Selbstmord des Gallus, zugrunde liege.[12]

Die Frage nach der Datierung der *Bucolica* ist von einiger Bedeutung für die Beurteilung der Stellung Octavians und der Entwicklung der Prinzipatsideologie. Da die Chronologie der Werke Vergils eine Domäne der Altphilologie war und ist, dürfte es sich lohnen, diesem Problem hier erneut aus dem Blickwinkel der Alten Geschichte nachzugehen. Im folgenden gilt unsere Aufmerksamkeit der Frage nach der Entstehungszeit der durch Anspielungen auf historische Ereignisse *„datierten Stücke"* (E.A. Schmidt)[13], speziell der *Eclogen* 1, 4 und 9 sowie zusätzlich der 10. *Ecloge*.

---

12 Schaper, *Entstehungszeit* S. 772 (*„erst 728 oder 729 geschrieben"* = 26-25 v. Chr.) und 794. Koster, *Tod* S. 104. Ähnlich jüngst auch: Maleuvre, *Violence* S. 360-5. Vgl. Michel, *Virgile* S. 58.

13 Schmidt, *Chronologie* S. 22.

2. *Tuus iam regnat Apollo* (zur vierten *Ecloge*)

„*Kann eigentlich ein Gedicht, das sich nicht verstehen läßt, ein gutes Gedicht sein, es sei denn, daß der Dichter ein Schalk war, der die Leute mit Absicht in den Irrgarten führte*“? Diese einst von U. v. Wilamowitz-Moellendorff[1] gestellte Frage ist charakteristisch für das Befremden, das Vergils 4. *Ecloge* bei zahlreichen Vertretern der modernen Altphilologie hervorgerufen hat. Mit der Verkündigung des anbrechenden Goldenen Zeitalters durch die Geburt eines göttlichen Knaben im Jahre 40 v. Chr. gehört sie nicht nur zu den bekanntesten Gedichten Vergils – sie stellt wohl für die Forschung gleichzeitig das in seiner Deutung umstrittenste Werk des Dichters dar. Abgesehen von der Frage nach der Datierung dürften die wichtigsten der heute diskutierten Probleme folgende sein:

1. Wer ist mit dem *puer nascens* (Ecl. 4,8) gemeint?[2] Schon seit der Antike ist hierüber spekuliert worden. Einerseits findet sich die Annahme, die Darstellung der Geburt des *puer* sei nichts anderes als „*a metaphor for the birth of a new era*“.[3] Andererseits wird vermutet, Vergil spiele auf die Geburt eines Kindes aus Fleisch und Blut an. Die Vertreter dieser Richtung tendieren entweder zu der Annahme, daß Vergil die Geburt eines Kindes e r w a r t e,[4] oder glauben dem Text entnehmen zu kön-

---

[1] v. Wilamowitz, *Vergilius* S. 14.

[2] Vgl. Rieks, *Vergil* S. 771-2.

[3] Perutelli, *Bucolics* S. 61. Büchner, *Vergilius* Sp. 191 („*Der Knabe ist das goldene Zeitalter, es bleibt keine andere Möglichkeit*“). Vgl. Coleman, *Vergil* S. 152 („*The Child is for Vergil a symbol of the divine forces that will bring the nouom saeculum to pass*“). Galinsky, *Culture* S. 92. Norden, *Geburt* betont hierbei orientalische Vorbilder (S. 169: „*ostwärts gerichtet*“). Scholia Bern. S. 775: *In hac ecloga simpliciter poeta canit genesim renascentis mundi sub Caesaribus*. Alföldi, *Weltenherrscher*.

[4] E r s t e n s ein kurz nach der Geburt (wohl 39) verstorbener Sohn des Consuls des Jahres 40, Asinius Pollio, in dessen Amtszeit Vergil das große Ereignis fallen läßt: *teque adeo decus hoc aevi, te consule inibit, Pollio* (Ecl. 4,11-2). Vgl. Scholia Bern. zu Ecl. 4,7: *IAM NOVA PROGENIES. Salonium dicit, filium Pollionis qui multis cum prodigiis natus esse dicitur et risisse statim et locutus esse et XX digitos in manibus habuisse et nono die obisse*. Servius auct., Ecl. 4,11 (vgl. Servius, Ecl. 4,13. 4,15. 4,17). So Carcopino, *Virgile* S.

nen, daß der *puer* ein unter Pollios Consulat bereits geborenes Kind sei:[5] Für beide Fälle kämen mehrere Kandidaten in Frage.

2. Ist das von Vergil entworfene Bild der *Saturnia regna* (Ecl. 4,6) in sich stimmig? Ein Teil der Forscher, angeführt von

---

169-71 und Manson, *L'enfant* S. 50 Anm. 6 (starke Bedenken äußerte jedoch Syme, *Pollio*). Zweitens ein Kind aus der im Zusammenhang mit dem Frieden von Brundisium (Herbst 40) arrangierten Verbindung zwischen Marc Anton und Octavia, der Schwester Octavians: Tarn, *Alexander* S. 155. Syme, *Revolution* S. 219-20. Du Quesnay, *Fourth Eclogue* S. 38. Clausen, *Eclogue* S. 67 und *Commentary* S. 121-2. Courtney, *Poets* S. 255. Della Corte, *„proanafonesi"* S. 14. Tatsächlich gebar Octavia im Folgejahr jedoch eine Tochter, die ältere Antonia. Vgl. Meulder, *Virgile* S. 819 und 825, der an das zweite Kind des Paares denkt (ebenfalls eine Tochter, die jüngere Antonia). Drittens ein Kind aus der im (oder nach dem) Sommer 40 geschlossenen Ehe zwischen Octavian und Scribonia, aus der Ende 39 ebenfalls eine Tochter hervorging, Iulia: Jachmann, *Ekloge* S. 56. Lefèvre, *Parzenlied* S. 64-5. Vgl. Dessau, *Geschichte* S. 487. Lefèvre, *Vergil* S. 21-2. Viertens ein Kind des Marcellus und der Iulia, die im Jahre 25 (*sic!*) heirateten: Schaper, *Entstehungszeit* S. 793. Bewußte Mehrdeutigkeit und Dunkelheit aus Absicht unterstellen Kraus, *Ekloge* S. 637. Rudd, *Contribution* S. 65-6. Vgl. Hartke, *Kinderkaiser* S. 377. Demandt, *Zeitenwende* S. 17-8.

[5] Erstens der im Jahre 41 zur Welt gekommene Sohn des Pollio, C. Asinius Gallus, der in späterer Zeit tatsächlich Anspruch darauf erhoben haben soll, der von Vergil besungene Knabe zu sein. Servius auct., Ecl. 4,11: *alii Asinium Gallum, ... qui prius natus est Pollione consule designato. Asconius Pedianus a Gallo audisse se refert hanc eclogam in honorem eius factam.* Hommel, *Gedicht* S. 298-304. Zweitens käme hierfür Octavian selbst in Frage (vgl. Servius, Ecl. 4,6-7. 4,10. 4,12-3. 4,15. 4,17. Servius auct., Ecl. 4,43. Seel, *Weltdichtung* S. 302), entweder aufgrund seines jugendlichen Alters im Jahre 40 *„retrospektiv"* als Kind gezeichnet (Uruschadse, *Ekloge* S. 209) oder dargestellt *„aus der Sicht eines Beobachters des Jahres 63 v. Chr. mit Blick auf Pollios Konsulat des Jahres 40"*, wie etwa Binder, *Lied* S. 119 denkt (nach einer Annahme von O. Seel [?]. Vgl. Binder, *Grenzüberschreitungen* S. 88. Effe/Binder, *Hirtendichtung* S. 70-1). Vgl. Wagenvoort, *Eclogue* S. 28 (*„Octavian ... gave the decisive interpretation ...: the birth of a σωτήρ means the birth of a god in me"*). Lambrechts, *Politik* S. 95 (*„Octavius-Apollo"*). Drittens Marcellus, der im Jahre 42 geborene Sohn der Octavia mit ihrem ersten Gatten Claudius Marcellus: Scholia Bern. S. 775 und zu Ecl. 4,7. Herrmann, *masques* S. 92-105 und 174.

G. Jachmann,[6] bestreitet dies mit dem Verweis auf die Verse 4,31-36. Denn einerseits breche mit den Versen 4,4-30 *„die aurea aetas gleichzeitig mit der Geburt des puer an, schon während seines Säuglingsalters ist das Paradies da“*. Andererseits erfahre das Gedicht in 4,31-36 eine überraschende Wendung, denn dort beschreibt der Dichter scheinbar einen *„Rückfall“* vom bereits eingetretenen Goldenen Zeitalter in ein neuerliches Zeitalter der Heroen: *pauca tamen suberunt priscae vestigia fraudis.*[7] Der *„Widerspruch“* zwischen beiden Zeitebenen scheint unauflösbar, denn *„das Motiv von der Wiederkehr eines Heroenzeitalters fällt aus dem Rahmen, ja es bringt das ganze Gedicht zum Bersten“*.[8] Könnte diese *„wenig glücklich“* wirkende Konstruktion Vergils, wie P. Corssen meint,[9] bereits in seiner Vorlage vorhanden gewesen sein, einer zur Zeit der Abfassung kursierenden prophetischen Schrift? Ist die Inkonsistenz dieser Passage auf eine *„beinahe überstürzte Abfassung“* zurückzuführen?[10] Oder handelt es sich bei der 4. *Ecloge* schlicht um ein mißlungenes Werk, um ein Zeugnis *„mühselig-minutiöser Klitterung“*?[11]

3. Ein verwandtes Problem liegt im Bereich des Inhaltlichen: Die völlig aus dem Rahmen fallende Verkündigung des Anbruchs eines Goldenen Zeitalters für das Consulatsjahr des Pollio muß von Zeitgenossen als problematisch empfunden worden sein. Denn wenn auch unter dem Consulat des Pollio (40) mit dem Vertrag von Brundisium eine kurze Phase des Friedens eintrat, war doch dieser Friedensschluß alles andere als ein be-

---

[6] Jachmann, *Ekloge* S. 20-2 und 49-50. Vgl. Marx, *Ekloge* S. 113 (*„Unzuträglichkeiten“*), 115 (*„Verwirrung und Unklarheit“*) und 121 (*„recht mühselig und gewaltsam“*). Corssen, *Ekloge* S. 35. Hommel, *Gedicht* S. 306 (*„wenig befriedigend .., unvollkommen“*).

[7] Norden, *Geburt* S. 10 in seiner Paraphrase der vierten *Ecloge* (*„so wird ein zeitweiliger Rückfall in die abgelaufene Weltperiode erfolgen“*). Hommel, *Gedicht* S. 290 und 306. Vgl. Barker, *Age* S. 437.

[8] Jachmann, *Ekloge* S. 20-1. Vgl. S. 50.

[9] Corssen, *Ekloge* S. 66 und 35.

[10] Hommel, *Gedicht* S. 310 vermutet sogar ein präzises Entstehungsdatum *„etwa in der letzten Woche des Dezember 41“*.

[11] Jachmann, *Ekloge* S. 61.

freiender Schlußstrich unter die Bürgerkriege – und dies wird der römischen Öffentlichkeit mit dem fortbestehenden Antagonismus zwischen Antonius und Octavian klar vor Augen gestanden haben. Wie konnte es Vergil in dieser Situation wagen, sich mit einem derart optimistischen Text an seine Leser zu wenden?[12]

Wenden wir uns nun selbst der vierten *Ecloge* zu und vergegenwärtigen wir uns zunächst die Darstellung des Goldenen Zeitalters bei Vergil:

In den Versen 4,4-14 besingt der Dichter das Ende der „Eisernen“ Zeit sowie den Umschwung, der zur Erneuerung der Weltzeitalter-Reihe führt. Kennzeichen ist die Geburt eines *puer* (4,8), mit der die Geburt eines *magnus saeclorum ... ordo* (4,5), die Entstehung einer *gens aurea* (4,9) und das Herabsenden einer *nova progenies* aus himmlischen Gefilden (4,7) einhergeht. Das Goldene Zeitalter wird unter dem Consulat des Pollio beginnen (4,11-2: *decus hoc aevi te consule inibit, Pollio, et incipient magni procedere menses*) – Vergil benutzt hier das Futur, er blickt also scheinbar auf das Consulatsjahr als auf ein zukünftiges Ereignis. Gleichzeitig schließt der Dichter nicht aus, daß irgendwo *sceleris vestigia nostri* (4,13), also Reste der früheren Eisernen Zeit, übrigbleiben, die freilich fortan „unwirksam“ oder „unschädlich“ sein werden: *inrita perpetua solvent formidine terras* (4,14). So entsteht die Situation, daß sich einerseits das Kommen der Goldenen Zeit während des Jahres 40 vollzieht, daß dies andererseits aber nur den Beginn einer Entwicklung darstellt, die zur vollen Ausprägung des Glückes führt. Dem Consulatsjahr des Pollio kommt demnach die Ehre zu, den ersten Schritt des Prozesses zu erleben. Da aber der Knabe erst

---

[12] Schaper, *Entstehungszeit* S. 645: *„Und wer mochte wol im J. 714 an die Dauer der friedlichen Verhältnisse glauben?“* Jachmann, *Ekloge* S. 27: *„Und ebenso dürfen wir bezweifeln, dass irgend ein damaliger Mensch ... es gewagt habe, sich mit einer solchen Fata morgana vor seinen Zeitgenossen lächerlich zu machen“*. Vgl. andererseits Smith, *History* S. 13, der in der 4. *Ecloge* die Parodie einer Prophetie erkennen will und das Gedicht für ein *„delightful nonsense poem for a child's birthday“* hält.

wachsen und zum Mann werden muß (4,37: *hinc, ubi iam firmata virum te fecerit aetas*), damit die letzten Reste der Eisernen Zeit wie Seefahrt und Fernhandel – Symbole für die frevelhafte Gier nach Besitz[13] – verschwinden (4,38-9: *cedet et ipse mari vector, nec nautica pinus mutabit merces; omnis feret omnia tellus*), vollzieht sich die Verwirklichung der neuen Zeit nicht unter dem Consulat des Pollio, sondern später. Es verhält sich wohl keineswegs so, daß es in den Versen 4,31-6 zu einem „Rückfall" in das Zeitalter der Heroen und zu einem „Bruch" in der Darstellung kommt.[14] Die *pauca ... priscae vestigia fraudis* (4,31), die *suberunt* in Form von Stadtmauern, Ackerbau, der Fahrt einer zweiten Argo, *altera bella* und eines zweiten Einsatzes des Achill vor Troia, sind offenbar nichts anderes als die verbliebenen *sceleris vestigia nostri* (4,13), die mit der Geburt bereits *inrita* sind: sie sind zwar vorläufig noch vorhanden, aber befreien durch ihre „Unschädlichkeit" schon jetzt die Erde von der Furcht. So haben wir es mit einer in drei Schritten verlaufenden Entwicklung zu tun. Von der Eisernen Zeit ausgehend beginnt mit der Geburt des Knaben eine „Zwischenzeit", in der die Goldene mit der Eisernen Zeit koexistiert. Die volle Ausprägung der *Saturnia regna* und des glücklichen Urzustands erfolgt hingegen erst im Mannesalter des unter dem Consul Pollio geborenen Kindes.[15]

Bei der Frage nach der Person des zum Manne Heranwachsenden ist zunächst festzuhalten, daß sich kein ausdrücklicher Bezug auf einen Sproß des Pollio findet. Pollio fungiert lediglich als eponymer Beamter (*te consule* 4,11) und als Führer (*te duce* 4,13) des Neugeborenen, nicht jedoch als Kindsvater. Wenn auf einen „Vater" angespielt wird (4,17: *patriis virtutibus*

---

[13] Vgl. Ovid, Met. 1,130-4 über den *amor sceleratus habendi* der Eisernen Zeit: *vela dabat ventis nec adhuc bene noverat illos navita, quaeque diu steterant in montibus altis, fluctibus ignotis insultavere carinae.*

[14] Kraus, *Ekloge* S. 622-3. Vergil unterscheidet offenbar nicht zwischen der Heroen- und Eisernen Zeit.

[15] Vgl. Becker, *Eklogenbuch* S. 335-6, der aufgrund der allmählichen Entwicklung des neuen Zeitalters von einem *„Nebeneinander zweier Welten"* spricht. Van Sickle, *Reading* S. 52-3: *„Virgil thinks of the process as gradual ('paulatim,' 4.28), proceeding step-by-step as the child grows"*.

und 4,26: *facta parentis*), so ist ein Zusammenhang zwischen diesem und der Person des Pollio aus dem Text nicht ersichtlich. Aufschlußreich ist nun ein Vergleich der *Eclogen*-Verse 4,5-10 mit einer Passage aus dem 6. Buch der erst nach dem Tode des Dichters (19 v. Chr.) herausgegebenen *Aeneis*, in der Vergil beschreibt, wie Anchises dem Aeneas in der Unterwelt von dem kommenden Ruhm der Römer berichtet (6,756-853). In Aen. 6,788-95 heißt es:

huc geminas nunc flecte acies, hanc aspice gentem
Romanosque tuos. hic Caesar et omnis Iuli
progenies magnum caeli ventura sub axem.
hic vir, hic est, tibi quem promitti saepius audis,
Augustus Caesar, divi genus, aurea condet
saecula qui rursus Latio regnata per arva
Saturno quondam, super et Garamantas et Indos
proferet imperium (...)

Bei der Komposition dieser Stelle hat sich Vergil offensichtlich eng an die 4. *Ecloge* angelehnt. Der vom Himmel gesandten *nova progenies* in Ecl. 4,7 entspricht die in den Himmel aufsteigende *omnis Iuli progenies* in Aen. 6,789-90. Während in Ecl. 4,8-9 durch die Geburt des Kindes *toto surget gens aurea mundo*, heißt es in Aen. 6,792-3: *Augustus Caesar, divi genus, aurea condet saecula*. Auch die *Saturnia regna*, deren Wiederkehr Vergil in Ecl. 4,6 verkündet, werden in Aen. 6,793-5 aufgegriffen: *qui rursus Latio regnata per arva Saturno quondam ... proferet imperium*. Die Parallelität beider Passagen legt Zeugnis davon ab, daß Vergil zur Zeit der Abfassung der *Aeneis* die „Begründung" der *aurea ... saecula* auf Augustus bezog und das Bild der Entstehung des Goldenen Zeitalters in der 4. *Ecloge* als Allegorie auf die Entstehung des Prinzipats verstanden wissen wollte. Hatte Vergil diesen Bezug bereits bei der Abfassung und Veröffentlichung der 4. *Ecloge* herstellen wollen? Wohl ja, denn auf Octavian-Augustus deutet die Herrschaft des Gottes Apoll gleich zu Beginn der neuen Zeit in Ecl. 4,10: *iam regnat*

Apollo.[16] Dieser Gott, nach Actium der *„Hauptgott der neuen Monarchie“* (so D. Kienast[17]), war bereits seit Ende der 40er und in den 30er Jahren der persönliche Schutzgott Octavians.[18] Sueton überliefert, daß Octavian (vielleicht im Jahre 40) bei einem Bankett als Apoll auftrat.[19] Eine propagandistisch nach außen getragene Verbindung Octavians mit Apoll schon in den 40er Jahren ist auch durch den Umstand naheliegend, daß sein

---

16 Vgl. Lefèvre, *Parzenlied* S. 65, der zu Recht bemerkt, Vergil hätte kaum eine in der 4. *Ecloge* ursprünglich mit Antonius oder Pollio verbundene *„aurea aetas-Ideologie“* nachträglich (in der *Aeneis*) auf Augustus übertragen können: *„Bei einer solchen charakterlosen Transaktion ginge er jeglicher Glaubwürdigkeit verlustig“.*

17 Kienast, *Augustus* S. 230.

18 Möglicherweise hängt die besondere Wertschätzung Apolls mit dem Sieg bei Philippi (42) zusammen: Galinsky, *Culture* S. 216 weist hin auf eine *„Augustan appropriation of the slogans of his adversaries“*, und bei Philippi lautete die Parole der Truppen der Caesarmörder „Apollo“ (Plutarch, Brut. 24). Bei Valerius Maximus 1,5,7 wird die Nachricht überliefert, daß die Caesarianer bei Philippi die „Apollo“-Parole ausgegeben hatten. Bezweifelt von Gurval, *Actium* S. 98-100. Dagegen jedoch Hoff, *Augustus* S. 227 (*„the password was a propagandistic response on the part of the triumvirs“*). Vgl. Taylor, *Divinity* S. 118-20. Weinstock, *Julius* S. 12-5. Gosling, *Octavian.* Weber, *Kaiser* S. 148-52. Dagegen äußert Martin, *L'idée* S. 431 die *„hypothèse que l'apollinisme d'Auguste trouverait sa source – ou l'une d'elles – dans l'adoption julienne“*, da der italische Gott Veiovis, der in besonderer Verbindung zur *gens Iulia* stand, mit Apoll identifiziert wurde. Vgl. allgemein Scheithauer, *Bautätigkeit* S. 48-51.

19 Sueton, Aug. 70 (*cena .., quae vulgo δωδεκάθεος vocabatur*), wohl im Jahre 40 oder wenig später (Heinen, *Begründung* S. 140-1 Anm. 3. Taylor, *Divinity* S. 119. Gurval, *Actium* S. 95-6. Hoff, *Augustus* S. 228 favorisiert das Jahr 38), denn Sueton berichtet davon, daß dieses Bankett aufgrund seiner Üppigkeit (in Rom) einen Skandal auslöste, was vor dem Hintergrund der Getreide-Blockaden Italiens durch Sextus Pompeius (vor 36) sehen ist: Wohl noch im Jahre 40 weilten Octavian und Antonius in Rom, um die in Brundisium vereinbarte Hochzeit zwischen Antonius und Octavia zu feiern, während in der Stadt Hungersnot herrschte (Appian, Civ. 5,67/280-68/289). Es scheint, als ob es sich hier um Propaganda der Antonius-Partei handelt. Vgl. Charlesworth, *Fragments* S. 175. Gurval (S. 94-8) verneint die Aussagekraft der bei Sueton überlieferten Episode (*„Conclusions on Octavian's motivation ... seem uncertain and speculative“*). Pollini, *Man* S. 345 bezweifelt gänzlich ihre Historizität (*„probably a fiction“*).

damaliger Konkurrent und späterer Gegner Marc Anton schon seit den 40er Jahren sein „*Heraklidentum*“ herausstellte und der Caesar-Erbe Octavian daher frühzeitig bestrebt gewesen sein dürfte, diesen Anspruch durch einen eigenen Schutzgott zu balancieren.[20] Vermutlich fällt in die 40er Jahre – wohl in die Zeit seines Aufenthalts in Apollonia (Dio 45,3,1) – die Bekanntschaft Octavians mit Apollo Agyieus von Apollonia, dessen charakteristische Pfeiler auf seinen (schwer datierbaren) gallischen Münzen aus Lugdunum erscheinen,[21] sowie in die 30er Jahre die Verbreitung des Gerüchts, daß Octavians Mutter Atia ihren Sohn von Apoll empfangen habe.[22] Im Jahre 36 weihte Octavian diesem Gott ein Grundstück auf dem Palatin und begann dort mit dem Neubau des Apollo-Tempels.[23] Wohl nach der Schlacht von Naulochus (36) verlieh Octavian der *legio XV* den Beinamen *Apollinaris*.[24] Demnach dürfte jeder politisch aufgeschlossene Leser oder Hörer der 4. *Ecloge* schon in den 30er Jahren die Assoziation von Octavian und Apoll vollzogen haben, insbesondere dann, wenn man die Veröffentlichung der *Bucolica* nach 35 ansetzt, gewiß aber auch schon bei dem herkömmlichen Datum 39/38. Der neugeborene Knabe, die *cara deum suboles* (Ecl. 4,49), mit der das neue Zeitalter wächst, ist somit offensichtlich eine Allegorie auf Octavian, die *patriae virtutes* sowie die von ihm zu „erkennenden“ *facta parentis* spielen wiederum auf den vergöttlichten Caesar an.[25]

---

[20] Vgl. Huttner, *Antonius* S. 105-6. Zudem wurde Antonius seit seinem Einzug in Ephesus im Jahre 41 mit dem Gott Dionysus assoziiert (Plutarch, Ant. 24,3. Vgl. Vell. Pat. 2,82,4).

[21] Vgl. Köves-Zulauf, *Apollo* S. 176-81. Picard-Schmitter, *Bétyles* S. 76-9.

[22] Lorsch, *Conception* S. 798-9. Vgl. Sueton, Aug. 94,4 (überliefert *in Asclepiadis Mendetis Theologumenon libris*). Dio 45,1,2. Gruen, *Augustus* S. 68-9 nimmt dagegen an, die Erzählung sei erst nach dem Besuch Alexandriens im Jahre 30 in Umlauf gebracht worden.

[23] Dio 49,15,5. Vell. Pat. 2,81,3. Kienast, *Augustus* S. 56. 230-8.

[24] Wheeler, *Legio* S. 263-8.

[25] Vgl. Cicero, Att. 16,15,3 über Octavian (nach dem 12. November 44): *iurat ita sibi parentis honores consequi liceat.*

Nimmt also Vergil in der 4. *Ecloge* in derartiger Weise Bezug auf die Person Octavians, dann müssen wir die Wirkung dieses Bezuges hinterfragen: Wie hätte die römische Öffentlichkeit in der ersten Hälfte oder gegen Mitte der 30er Jahre – dem traditionell angenommenen Publikationsdatum der *Eclogen* – dieses prophetisch anmutende Gedicht verstehen müssen? Sie hätte die Geburt des Kindes und das Anbrechen der Neuen Zeit unter dem Consulat des Pollio zweifellos auf den Vertrag von Brundisium vom Herbst 40 bezogen, in dem Octavian und Antonius ihre Einflußgebiete räumlich abgrenzten.[26] Sie hätte Ecl. 4,35 (*erunt iam altera bella*) so verstanden, daß dereinst das Bürgerkriegszeitalter mit neuen Kämpfen aufflammen würde. Sie hätte in Ecl. 4,17 gelesen, wie Vergil dem *puer* Octavian die zukünftige Weltherrschaft zuspricht (*pacatumque reget patriis virtutibus orbem*), welche dann voll zum Tragen kommen solle, wenn die letzten Bürgerkriege ausgefochten sein würden (Ecl. 4,37-9: *hinc*). Können aber die letzten beiden Teile der Verkündigung im Sinne der Verständigung des Jahres 40 gewesen sein, in deren Zusammenhang auch Antonius die Schwester Octavians heiratete? Gewiß nicht, denn eine Alleinherrschaft Octavians würde ein – wie auch immer geartetes – Abtreten des Antonius von der politischen Bühne bedeutet haben. Die Konsequenzen dieser Verkündigung sind somit ebenso bizarr wie paradox. Sollte der Vertrag von Brundisium, in dem die wiedererlangte Eintracht zwischen den Triumvirn beschworen wurde, deshalb von Vergil in der 4. *Ecloge* gefeiert werden, weil er den ersten Schritt zur Überwindung des Antonius durch Octavian darstellte? Ein weiteres Problem betrifft die Nennung des Pollio in Ecl. 4,11-2. Denn Pollio, unter dessen Consulat das Heilsgeschehen einsetzen sollte, stand in den Jahren zwischen 43 und 40 nicht nur auf der Seite des Antonius und befehligte während des Peru-

[26] Dio 48,28,3-29,1. Appian, Civ. 5,64/272-65/276. Plutarch, Ant. 30. Syme, *Revolution* S. 217 vermutete aufgrund der Inschrift ILS 3784 vom 12. Oktober 40, in der die *duoviri* der *colonia* Casinum der Wiederherstellung des *signum Concordiae* gedachten (*restituendum coeraverunt*), daß die Vereinbarung von Brundisium unmittelbar vorher zustandekam, wohl im September 40.

sinischen Krieges Truppen der Antonianer gegen die Generäle Octavians, sondern war bei den Verhandlungen von Brundisium sogar Unterhändler des Antonius.[27] Kurzum: die 4. *Ecloge* kann bei einer derartigen politischen Konstellation kaum vor dem Vertrag oder gleichzeitig mit seinem Abschluß[28] entstanden sein, und auch bei einer Veröffentlichung der *Bucolica* in den 30er Jahren – zumindest vor dem Ausbruch des Ptolemäischen Krieges im Jahre 32 – würde das Gedicht von einem Zeitgenossen wohl mit demselben Befremden aufgenommen worden sein wie von einem modernen Altertumskundler: *„Wie das der Konsul Pollio, dem das Gedicht gewidmet ist, wie es die ersten Leser verstanden haben, weiß niemand".*[29]

Der Sieg über Antonius, die Erlangung der Herrschaft über den befriedeten *orbis* durch Octavian und das Ende der Bürgerkriege traten allerdings durch den Sieg bei Actium im Jahre 31 und durch die Einnahme Alexandrias im Jahre 30 tatsächlich ein. Zudem konnte aus der Perspektive der 20er Jahre die paradox anmutende Darstellung des Vertrages von Brundisium durch Vergil als gerechtfertigt erscheinen, denn in der Tat mochte man ihn nun, da Antonius nicht mehr war, als einen Meilenstein für den Aufstieg Octavians werten. Die Folge dieses Vertrages hatte ja darin bestanden, daß dieser die westlichen Reichsteile erhielt, die folglich als erste in den Genuß eines „Vorgeschmacks" auf die Segnungen seiner Herrschaft kamen. Überdies stand Pollio nunmehr als ein im Ptolemäischen Krieg neutral gebliebener *Senior statesman* in Verbindung mit dem Maecenas-Kreis und in Kontakt zu Octavian,[30] so daß man seine

---

[27] Appian, Civ. 5,64/272 (*ἐκ δὲ τῶν Ἀντωνίου Πολλίωνα*). Zudem scheint Pollio im Jahre 40 nur für wenige Monate seinen Consulat bekleidet zu haben: Berkowitz, *Pollio* S. 22-5. Vgl. Appian, Civ. 3,97/399. 5,20/80. 5,31/121-35/141.

[28] So etwa: Norden, *Geburt* S. 5 (*„die Zeitverhältnisse kurz vor der Jahreswende 41/40"*). Berkowitz, *Pollio* S. 37-8 (Abfassung vor dem Consulat des Pollio). Vgl. Strasburger, *Vergil* S. 53 (*„vor dem Ende der Belagerung von Perusia"*).

[29] v. Wilamowitz, *Vergilius* S. 14.

[30] Pollio scheint sich nach seinem Proconsulat (39) aus dem politischen Leben weitgehend zurückgezogen zu haben. Er dürfte hierbei, wie etwa

Tätigkeit für Antonius im Jahr 40 entschuldigen mochte. Versetzen wir uns weiterhin in die Situation eines Römers der 20er Jahre, so werden auch andere Teile der Prophetie sowie inhaltliche Schwierigkeiten dieses Gedichts erklärbar. Wenn in Ecl. 4,48 der Aufruf an den göttlichen Sprößling erfolgte, sich in Bälde (*aderit iam tempus*) die „Ehren" anzueignen (*adgredere o magnos ... honores*) – mußte man nicht an die dem Octavian nach seiner Rückkehr nach Rom vom Senat zugedachten Ehren der Jahre 29 bis 27 denken, als ihm nach dem dreifachen Triumph (August 29) der Titel eines *princeps senatus* (28), die *corona civica* (13. Januar 27), politische Sonderrechte in Ergänzung seines Consulats,[31] der Augustus-Name, *duo laureae* und der *clupeus virtutis* (16. Januar 27) verliehen wurden?[32] Mußten nicht die *sceleris vestigia nostri* (Ecl. 4,13) oder *vestigia fraudis*

Syme, *Revolution* S. 222-3 denkt, die Provinz Macedonia verwaltet haben. Nach Bosworth, *Asinius* S. 467-8 sei seine Provinz Illyricum gewesen, das nach 40 in der „Sphäre" Octavians lag. Träfe die Vermutung von Bosworth zu, müßte man annehmen, daß Pollio bereits Ende des Jahres 40 auf die Seite Octavians gewechselt ist. Vgl. Zecchini, *Asinio* S. 1276. Allerdings sind die von Pollio während des Proconsulats besiegten Parthiner in Macedonia zu lokalisieren, so daß mehr dafür spricht, daß Pollio hier eingesetzt wurde. Aus Vell. Pat. 2,86,3 läßt sich im übrigen ein allmähliches Abkühlen seines Verhältnisses zu Antonius erschließen, das auf einem Tiefpunkt abgelangt zu sein scheint, als Antonius (um 36-35) Cleopatra vollends verfiel (*cum se post Brundusinam pacem continuisset in Italia neque aut vidisset umquam reginam aut post enervatum amore eius Antonii animum partibus eius se miscuisset* ... Vgl. Dio 49,34,1. Plutarch, Ant. 36). Wir finden ihn noch in den 30er Jahren unter den Literaten des Zirkels um Maecenas als Epiker (Horaz, Sat. 1,10,42[50] und 85[93]) und in den 20er Jahren mit der Ausarbeitung einer Geschichte der Bürgerkriege beschäftigt (Horaz, C. 2,1,1-16). Im Ptolemäischen Krieg vermied er eine persönliche Beteiligung (Vell. Pat.). Unter dem Prinzipat hat er dem von Octavian seines Hauses verwiesenen Historiker Timagenes aufgenommen (Seneca, De Ira 3,23). Ob er allerdings wegen solchen Verhaltens zur Opposition gegen Octavian-Augustus zu zählen ist (so etwa Syme, *Revolution* S. 482), bleibt unsicher: Morgan, *Autopsy* S. 65-7.

[31] Als *provincia consularis* wurden ihm durch Senat und Volk die Provinzen Gallia, Hispania, Syria und Aegyptus zugewiesen. Außerdem erhielt er das Recht, dort für zehn Jahre das *imperium militiae* auszuüben. Vgl. Girardet, *Imperium* S. 191-5.

[32] Vgl. Kienast, *Augustus* S. 78-84.

(Ecl. 4,31), die erst im Mannesalter des Kindes überwunden werden sollten, als Allegorie auf das Fortbestehen der Bürgerkriegszeit verstanden werden, und mußten nicht die aus den *vestigia* resultierenden *altera bella* (Ecl. 4,35) wie ein Sinnbild für die Auseinandersetzungen Octavians mit Sextus Pompeius (36) und Antonius (32-30) wirken? Wer hätte bei den *facta* des kleinen Kindes (Ecl. 4,54), die der Dichter besingen wollte, nicht an die Beendigung der *bella civilia* gedacht, an Actium und Alexandrien? Wem wäre zudem bei der Lektüre der Verse 4,15-6 (*ille deum vitam accipiet divisque videbit permixtos heroas et ipse videbitur illis*) nicht in den Sinn gekommen, daß Octavian in den Jahren 36 und 30 von offizieller Seite gottähnliche Ehren erhielt?[33] Welcher Zeitgenosse hätte bei der Nennung von Diana und Apollo (Ecl. 4,10) nicht einen Bezug zur Propaganda des späteren Augustus gesehen, der verkünden ließ, die Schlachten von Naulochus (36) und Actium (31) seien unter dem Schutz dieses göttlichen Geschwisterpaares gewonnen worden?[34] Ei-

[33] Appian, Civ. 5,132/546 (im Jahre 36 hätten die Städte, aus denen einst Sklaven entflohen waren, Octavian unter die Schutzgötter aufgenommen). Dio 51,19.

[34] Ein Beleg für die frühe Assoziation mit dem Apoll von Actium unmittelbar nach der Seeschlacht scheint im übrigen in einer von Octavian in Umlauf gebrachten Bleitessera aus Athen vorzuliegen, auf der der Gott mit der Beischrift ΚΑΙ/ΣΑΡ abgebildet ist: Hoff, *Augustus* S. 229 (noch aus dem Jahre 31?). Zudem erscheint ein dem Apoll ähnelndes Bildnis Octavians auf Münzen aus Asien vor 27: Mattingly/Sydenham, *Coinage* S. 60 Nr. 6. Fishwick, *Cult* S. 81-2. In der Literatur ist der Bezug zwischen Apoll und Actium explizit erst in der zweiten Hälfte der 20er Jahre aufgegriffen worden (Vergil, Aen. 8,698 mit der wohl im Jahre 22 veröffentlichten *Elegie* 2,34,59-62 des Properz: *me iuvet hesternis positum languere corollis, ... Actia Vergilium custodis litora Phoebi, Caesaris et fortes dicere posse rates*. Später: Properz 4,6). Sieht man von der Münze Mattingly/Sydenham, *Coinage* S. 60 Nr. 5 (von ca. 30-27 v. Chr.) ab, auf der Diana und ein Tempel mit einer *„naval trophy"* abgebildet ist, ist sonst in der Propaganda der Münzen der Bezug zwischen Diana und Naulochus sowie zwischen Apoll und Actium erst ab 16 bzw. ca. 15 v. Chr. bezeugt (Diana: Mattingly/Sydenham, *Coinage* S. 88-9 Nr. 329, 332, 337, 341-2 [Lugdunum]. Sutherland/Kraay, *Catalogue* Nr. 135. Robertson, *Coins* S. 38-40 Nr. 202, 207, 211, Abbildungen der Göttin auf dem Revers, Legende jeweils SICIL. Apoll: Mattingly/Sydenham, *Coinage* S. 74 Nr. 152 [Münze des Antistius Vetus von 16 v. Chr.], S. 88-9 Nr. 328,

nem Beobachter nach Actium mußte es so vorkommen, als ob sich die in der 4. *Ecloge* als zukünftig beschriebene Situation bald nach dem Jahre 30 verwirklicht hat.

Unweigerlich stellt sich somit die Frage nach der Qualität der „Prophetie" Vergils. Kann es sich um einen reinen Zufall handeln, daß sie sich erfüllt hat und wahr geworden ist? Ich möchte dies verneinen und folgende Antwort wagen: Vergil w u ß t e, daß Octavian den Antonius überwand und zum Herrscher der Welt wurde. Er wußte dies allerdings nicht im voraus, sondern allein deshalb, weil er es m i t e r l e b t hat. Der von Vergil als Allegorie auf die Alleinherrschaft Octavians konzipierte Text wird erst dann wirklich verständlich, wenn man ihn im Kontext der Ereignisse zwischen den Jahren 40 (Brundisium) und 30 (Alexandrien) sowie der unmittelbar folgenden Zeit liest. So drängt sich die Vermutung auf, daß die 4. *Ecloge* nicht zwischen 41 und ca. 38 entstanden ist, wie allgemein angenommen wird,[35] sondern erst nach dem Jahre 30, wohl zu Beginn der 20er Jahre. Bei diesem Gedicht würde es sich insofern keineswegs um eine wirkliche *„Prophezeiung"* oder um *„die einzige echte Zukunftsvision bei Vergil"* handeln, wie bisweilen gemutmaßt wird,[36] oder um ein Zeugnis für Vergils *„Glaubenszuversicht und Zukunftssicherheit, ... ein rational nie ganz verstehbares Wunder"*[37], sondern vielmehr um eine nachträgliche Konstruktion: um ein *vaticinium ex eventu*, um die I l l u s i o n einer Prophezeiung.

Auch die Absicht und das Ziel dieser – wie es den Anschein hat – fiktiven Prophezeiung wird bei der Annahme einer Veröffentlichung der 4. *Ecloge* in den frühen 20er Jahren klar erkennbar: Der Dichter erbrachte einen Beitrag zur Legitimation der

---

331, 336, 339-40 [Lugdunum]. Sutherland/Kraay, *Catalogue* Nr. 127-34. Robertson, *Coins* S. 38-40 Nr. 200-1, C3651-2, 206, 209-10, Abbildungen des Gottes auf dem Revers, Legenden APOLLINI ACTIO und ACT). Vgl. Kienast, *Augustus* S. 233.

35 So die moderne *communis opinio*. Eine Abfassung der 4. *Ecloge* nach Actium nahm m.W. allein Schaper, *Entstehungszeit* S. 792-4 (vgl. S. 645-9. 770-1) an (allerdings dachte er an das Jahr 25, was nicht zutreffen kann).

36 Hommel, *Gedicht* S. 304. Suerbaum, *Aeneis* S. 317.

37 Büchner, *Vergilius* Sp. 183.

Monarchie, indem er die Alleinherrschaft des göttlichen Kindes als Teil der Zeit des Glücks, der wiederkehrenden *Saturnia regna*, propagierte und so andeutete, daß sie vorherbestimmt war. Für die römische Öffentlichkeit muß der Umstand, daß die republikanische Staatsordnung *de facto* durch das Regiment eines Einzelnen abgelöst wurde, leichter zu akzeptieren gewesen sein, wenn dies durch einen göttlichen Spruch wie ein *Cumaeum carmen* oder durch das Spinnen der *Parcae* seit langem verkündet war oder zumindest so dargestellt werden konnte, als wenn es vom Schicksal befohlen wäre. Gleichzeitig ehrte Vergil seinen Freund Asinius Pollio, den ehemaligen Consul und früheren Partisan des Antonius, als einen Wegbereiter des neuen *princeps*, wenngleich diese Förderung *ex eventu* gefolgert ist[38] und nicht den damaligen Zielen des Geehrten entsprochen haben dürfte.

Noch einmal wollen wir auf den Inhalt des Gedichts zurückkommen, speziell auf das von Vergil (Ecl. 4,4) zitierte *Cumaeum carmen*. Zwar konnte in der modernen Forschung bisher nicht geklärt werden, wie es um die Authentizität dieses Sibyllinums bestellt ist.[39] Mit dieser Unklarheit dürfen wir es jedoch bewenden lassen, denn für das späte 1. Jh. v. Chr. und das 1. Jh. n. Chr. wissen wir, daß neben einer staatlichen Sammlung zahlreiche Schriften sibyllinischen Inhalts in der römischen Welt kursierten.[40] Wenn dem Dichter ein Sibyllinum vorgelegen hat, kann es sich also um ein populäres Orakel handeln.[41] Im übrigen

---

[38] Bemerkenswert ist in diesem Zusammenhang, daß zwischen dem 25.12. 41 und dem 6.1. 40 (bereits im Consulatsjahr des Pollio) eine *„ungewöhnliche Konstellation der Planeten"* im Tierkreiszeichen des Steinbocks zu beobachten war (Strobel, *Weltenjahr* S. 1036). Dies war den Zeitgenossen gewiß auch noch in den 20er Jahren präsent.

[39] Parke, *Sibyls* S. 147: *„... we cannot fully identify Vergil's Sibylline sources"*.

[40] Sueton, Aug. 31,1 (für 12 v. Chr.): *vulgo ferebatur*. Tacitus, Ann. 6,12 (für 32 n. Chr.).

[41] Daß der Adressat des Gedichts, Asinius Pollio, über seine Kontakte zur Familie Herodes' des Großen (vgl. Josephus, Ant. 15,10,1 = 15,343) ein besonderes Verhältnis zum Judentum gehabt hätte und dies *„a clue to pos-*

muß Vergils Verweis hierauf *„nicht bedeuten .., daß die ganze Ekloge oder ein großer Teil ihrer Ideen auf diesem Sibyllinum fußt“.*[42]

Wichtig festzuhalten ist jedoch ein weiterer Aspekt: Octavian-Augustus stellte zwischen seinem „Schutzgott“ Apollo und dem Orakel der Sibylle einen programmatischen Zusammenhang her. Seit etwa dem Jahr 37 war Octavian als *XVvir sacris faciundis* Angehöriger desjenigen Priesterkollegiums, in dessen Obhut die sibyllinischen Bücher lagen.[43] Im Jahre 28 wurde der Tempel des Apollo auf dem Palatin durch Octavian geweiht.[44] Auf dem Kultbild des Tempels scheint Apoll mit einer Leier neben Diana, seiner Schwester, sowie der Mutter Latona dargestellt gewesen zu sein. Zu ihren Füßen aber kauerte die Sibylle.[45] In der Basis des Apollo-Tempels ließ der *princeps* zudem die Schriften der Sibylle deponieren, eine Maßnahme, die nicht sicher zu datieren ist, wohl aber in die 20er Jahre gehört und somit möglicherweise ebenfalls im Jahr 28 vollzogen wurde.[46]

---

sible Jewish sources for the famous Fourth Eclogue“ sei (wie Feldman, *Pollio* S. 44 und – ähnlich – Kurfess, *Ekloge* S. 124 denken), ist nicht positiv zu belegen. Vgl. Collins, *Seers* S. 192-7. Nach der Theorie von Radke, *carmen* S. 236-46 bezieht sich das Attribut *Cumaeus* auf das Zeitaltergedicht Hesiods, weil dieser aus Kyme stamme, und somit nicht auf ein Sibyllenorakel (von Wlosok, *carmen* entkräftet. Vgl. allein Vergil, Aen. 6,98: *Cumaea Sibylla*).

42 Wlosok, *carmen* S. 319: *„Die Sibyllenreferenz braucht sich auf nicht mehr als auf den Ausdruck u l t i m a a e t a s zu beziehen“.*

43 Gagé, *Priesterämter* S. 57-8. Octavian ließ ab 37 Münzen mit „sibyllinischen“ Symbolen (etwa dem Dreifuß Apolls) der *XVviri* prägen: Crawford, *Coinage* Bd. 1 Nr. 537/2 und 538/2 sowie Bd. 2 S. 744.

44 Dio 53,1,3. Er war seit dem Jahre 36 im Bau: 49,15,5.

45 Es wird allgemein angenommen, daß die rechte Bildfläche der sog. „Basis von Sorrent“, auf der Apoll, Latona und Diana sowie die Sibylle dargestellt sind, dem Statuenprogramm des Apollo-Tempels nachgebildet ist. Vgl. etwa Hölscher, *Reliefs* S. 376-7 (Abb.). Galinsky, *Culture* S. 216. Kienast, *Augustus* S. 232-3.

46 Sueton, Aug. 31,1 suggeriert, daß dies erst nach der Übernahme des Amts des Pontifex Maximus durch Augustus im Jahr 12 v. Chr. geschah: *Postquam vero pontificatum maximum, quem numquam vivo Lepido auferre sustinuerat, mortuo demum suscepit, quidquid fatidicorum librorum Graeci Latinique generis nullis vel parum idoneis auctoribus vulgo ferebatur, supra*

Wir erinnern uns an dieser Stelle, daß Vergil in der 4. *Ecloge* die Schwester Apolls anruft, die Göttin Diana (unter dem Namen Lucina), und ihr das Wohlergehen des göttlichen Neugeborenen anbefiehlt (Ecl. 4,8-10). Gleichzeitig behauptet der Dichter, daß

---

duo milia contracta undique cremavit ac solos retinuit Sibyllinos, hos quoque dilectu habito; condiditque duobus forulis auratis sub Palatini Apollinis basi. Während etwa Kienast, *Augustus* S. 235-6 mit Anm. 103 Sueton so versteht, daß die Einziehung der Orakelliteratur und die Niederlegung der „authentischen" Schriften tatsächlich im Jahre 12 v. Chr. angeordnet wurde, glaubt ein anderer Teil der Forschung, daß beide Maßnahmen zu trennen sind. Entweder habe die Deponierung um 20-18 v. Chr. stattgefunden (so Gagé, *Priesterämter* S. 79, Cahn, *Münzbild* S. 206-7 und Gagé, *Apollon* S. 545-9) oder aber bereits bei der Tempelweihe im Jahr 28 (so Parke, *Sibyls* S. 141 und 149-50). Für den bis zum Jahr 17 schreibenden Tibull (2,5) war die Aufbewahrung der Sibyllina im Apollo-Tempel Normalität. Dafür, daß die Deponierung dort in den 20er Jahren stattgefunden haben dürfte, spricht auch die bis zum Jahre 19 v. Chr. abgefaßte *Aeneis*, denn Vergil läßt den Aeneas bei der Ankunft in Cumae zur Sibylle beten (Aen. 6,69-76): *Tum Phoebo et Triviae solido de marmore templum instituam festosque dies de nomine Phoebi. Te quoque magna manent regnis penetralia nostris: hic ego namque tuas sortis arcanaque fata dicta meae genti ponam, lectosque sacrabo, alma, viros.* Einerseits ist auch hier der enge Bezug zwischen Apoll und der Sibylle gegeben, und andererseits hätte Vergil die Beschreibung der „künftigen" Heiligtümer wohl kaum so dargestellt, wenn die *penetralia* für die Sibylle und die Sibyllinischen Bücher – gemeint sein müssen die *foruli aurati sub Palatini Apollinis basi* – nicht ebenso wie der im Jahr 28 geweihte Apollo-Tempel bereits existierten (oder wenigstens im Entstehen begriffen waren). Nach Sueton-Donat (VSD §32) war wohl das 6. Buch der *Aeneis* dem *princeps* vom Dichter schon in den 20er Jahren vorgetragen worden, so daß die Möglichkeit besteht, daß die Passage 6,69-76 bereits zu dieser Zeit geschrieben war. Da in Aen. 6,883 auf den im Jahre 23 verstorbenen Marcellus angespielt wird und seine Mutter Octavia nach Sueton-Donat bei der Rezitation einen Schwächeanfall erlitten haben soll, scheint die erste Präsentation des 6. Buches zwischen 23 und ca. 20/19 erfolgt zu sein (Glei, *Show* S. 122: „*in 22 or even in 21 BC*". Daß die Marcellus-Episode eine spätere Zutat sei, läßt sich nicht belegen. Falls zudem die Rezitation in Rom stattfand, ist als *Terminus ante quem* der Spätsommer 22 anzusehen, da Augustus anschließend bis zum Oktober 19 in Sizilien und im Orient weilte: Grimal, *livre* S. 823). Von der Deponierung der Schriften (in den 20er Jahren) und der Sammlung der *vulgo* kursierenden Texte (im Jahre 12) ist der bei Dio 54,17,2 (für das Jahr 18) erwähnte Befehl des Augustus zu trennen, die Sibyllinischen *ἔπη* abzuschreiben, *ἵνα μηδεὶς ἕτερος αὐτὰ ἀναλέξηται.*

die Herrschaft ihres Bruders bereits Wirklichkeit sei (Ecl. 4,10): *tuus iam regnat Apollo*. Wir finden demnach hier dieselbe Verbindung zwischen Apoll, Diana und Sibylle wie im Götter-Programm des Apollo-Tempels, das wir seit den 20er Jahren fassen können. So überaus auffällig ist die Übereinstimmung der Konstellation, daß man denken möchte, Vergil beziehe sich in der 4. *Ecloge* auf den Tempel des palatinischen Apoll. Freilich haben Apoll und Diana schon in den 30er Jahren eine besondere Stellung für Octavian eingenommen (s.o.), und der Tempel war seit dem Jahre 36 im Bau. Vor dem Hintergrund der Vermutung, das Gedicht könnte erst in den 20er Jahren publiziert worden sein, könnte jedoch bei der an Lucina gerichteten Formulierung *tuus iam regnat Apollo* ein versteckter Hinweis auf die Weihung des Tempels am 9. Oktober 28 vorliegen.[47] Mit Hilfe dieser Hypothese ließe sich das Entstehungsdatum der 4. *Ecloge* (und somit das Datum der Veröffentlichung der ganzen Sammlung) noch näher bestimmen: als frühester Termin käme der Herbst des Jahres 28 in Frage. Möglich wäre jedoch auch noch das folgende Jahr, denn die Formulierung *adgredere ... honores* in Ecl. 4,48 paßt ideal zu den Ereignissen des Frühjahrs 27 (s.o.). Somit könnte sich im Grundsatz die Annahme C. Schapers bestätigen, daß die vorliegende Version der *Bucolica* erst in den 20er Jahren publiziert wurde. Im folgenden müssen wir uns der Frage zuwenden, wann die übrigen „datierten" *Eclogen* entstanden sind, um zu klären, ob die nach unserer Vermutung in den 20er Jahren veröffentlchte Sammlung die Erstedition oder lediglich eine Neuauflage darstellt.

Im Gegensatz zu der eingangs zitierten Frage des großen Altphilologen scheint es demnach durchaus möglich zu sein, dem Verständnis der 4. *Ecloge* näherzukommen. Gleichzeitig müssen wir eingestehen, daß Vergil tatsächlich *„die Leute mit Absicht in den Irrgarten führte"*. Denn wenn er die *Bucolica* möglicherweise in den Jahren nach 31 – und vielleicht konkret im Jahre 27 – veröffentlicht hat, hätte er mit ihnen nicht eine scheinbar zeitlos pastorale Atmosphäre geschaffen, sondern in ihnen Anspie-

[47] Tagesdatum: Fasti Antiates Ministrorum, Inscriptiones Italiae 13,2 S. 209. 518-9.

lungen auf das Geschehen der 40er und 30er Jahre gestreut, die die unbefangenen Leser zu der irrigen Annahme verleiten müssen, daß Vergil etwa in dieser Zeit schrieb. Aus welchem Grund und zu welchem Zweck sollte sich Vergil dieser Konstruktion bedient haben? Diese Frage soll uns an anderer Stelle beschäftigen.

Exkurs

Steht nun die Vermutung im Raum, daß die 4. *Ecloge* ein Produkt der frühen 20er Jahre ist, so muß die Frage neu aufgeworfen werden, wie ihr Verhältnis zur 16. *Epode* des Horaz beschaffen ist. Dies kann hier nur am Rande geschehen. In beiden Gedichten wird ein paradiesischer Zustand irdischen Daseins besungen. Während jedoch Vergil den Anbruch dieses Zustands verkündet, versetzt ihn Horaz in die Welt der Utopie, indem er sich und seinen römischen Mitbürgern (Epod. 16,36: *omnis ... civitas*) – oder wenigstens der *pars indocili melior grege* (16,37) – den Ratschlag erteilt, zu den *arva beata ..., arva divites et insulas* (16,41-2) zu ziehen, um dem Untergang Roms zu entgehen (16,2: *suis et ipsa Roma viribus ruit*). Thema der 16. *Epode* ist die Zeit der Bürgerkriege (16,1: *altera iam teritur bellis civilibus aetas*). Bedeutsam ist nun der Umstand, daß sich in diesem Gedicht Anklänge an und wörtliche Übereinstimmungen mit der 4. *Ecloge* finden: einerseits in Epod. 16,33, wo der Schwur der zum Auszug bereiten Römer zitiert wird, erst dann von den Gefilden der Seligen zurückzukehren, wenn Frieden und Eintracht sowie *mirus amor* herrschen wird: *credula nec ravos timeant armenta leones*. Andererseits beschreibt Horaz in Epod. 16,43-56 den Frieden und Überfluß, der die Ausziehenden an ihrem Ziel erwartet, und formuliert in Epod. 16,49-50: *illic iniussae veniunt ad mulctra capellae refertque tenta grex amicus ubera*. Ähnlich äußert sich nun Vergil, beide Motive in einer Satzperiode vereinend, in Ecl. 4,21-2 über das kommende Glück unter der Herrschaft des *puer*: *ipsae lacte domum referent distenta capellae ubera, nec magnos metuent armenta leones*. Thematische Anklänge finden sich auch an anderer Stelle.[48]

Bislang hat sich kein Konsens darüber eingestellt, inwiefern eine Abhängigkeit des einen Werks vom anderen besteht und, wenn dem so sei, welches der beiden das frühere ist.[49] Das *Epoden*-Buch wurde nach der Schlacht von Actium – der spätesten zeitgenössischen Anspielung – publiziert (Epod. 9), doch ist der genaue Zeitpunkt unbekannt. Da man in der *Epode* Anspielungen auf das erste Buch der *Historien* des Sallust erblickte, die wohl kurz vor dem Tode des Autors (im Jahre 35) entstanden, tendiert die *communis opinio* eher zu der Annahme, daß Horaz mit der 16. *Epode* die vermeintlich zu Beginn der 30er Jahre entstandene 4. *Ecloge* Vergils aufgriff.[50] Folgt man der hier erwogenen Datierung der 4. *Ecloge*, wird diese Beobachtung jedoch gegenstandslos: beide Gedichtsammlungen, Vergils *Bucolica* und Horaz' *Epoden*-Buch, wären nach Actium publiziert worden.

Die Frage nach der Priorität dürfte anhand philologischer Kriterien nicht zu entscheiden sein.[51] Kann aber allein Inhalt

---

[48] So – ich nenne nur wenige – in Ecl. 4,4 ~ Epod. 16,1. Ecl. 4,30 ~ Epod. 16,47. Ecl. 4,40 ~ Epod. 16,43-4.

[49] Tarn, *Alexander* S. 152 vermutet eine gemeinsame Quelle, jedoch keine Abhängigkeit („*both drew from a common source or rather perhaps from material which had become current coin*"). Snell, *Epode* plädiert für die Priorität Vergils, vgl. Fraenkel, *Horace* S. 50-3. Schmidt, *Chronologie* S. 55-8. Seng, *Eklogenbuch* S. 85-96, bes. 95. Maurach, *Horaz* S. 22. Dagegen nehmen andere die Priorität der *Epode* an: Skutsch, *Epode* S. 373. Wimmel, *Verhältnis*. Wimmel, *Eclogen*. Drexler, *Epode* S. 202-3. Clausen, *Commentary* S. 145-50. Vgl. Setaioli, *L'epodo* S. 17-25. Mankin, *Horace* S. 244-5. Aporie bekennt Doblhofer, *Horaz* S. 86-9 („*unlösbar*").

[50] Syme, *Sallust* S. 284-6: Epod. 16,1-2 und die verzweifelt wirkende Suche nach einem Ausweg aus den Bürgerkriegen bezögen sich auf die Behandlung des Sertorius in Sallusts *Historien*, der Allobrox in Epod. 16,6 sei aus Sallusts *Catilina* (40-52) entlehnt. So auch Horsfall, *Collectanea* S. 357. Allerdings ist die letztgenannte Annahme nicht zwingend, denn auch Cicero berichtet über die Gefährlichkeit der Allobroger (vgl. Cat. 3,22). Der Weg der Information über Sallust ist daher nur eine von mehreren Möglichkeiten.

[51] Daß jedoch eine Abhängigkeit besteht, folgt aus der Übereinstimmung zwischen den prall gefüllten *ubera* der *capellae* in Ecl. 4,21-2 und Epod.

und Stimmung der Gedichte als Grundlage für die Entscheidung über das Abhängigkeitsverhältnis dienen? Ich vermute, daß die Entscheidungsfindung durch einen weiteres Problem bis zur Unmöglichkeit erschwert wird: Was Horaz betrifft, so ist festzuhalten, daß das *Epoden*-Buch aus einer Sammlung thematisch äußerst unterschiedlicher Gedichte besteht, deren Gegenstände von der Erotik bis zur Politik reichen. Horaz muß die *Epoden*, wie bereits bemerkt, nach Actium publiziert haben, da einerseits in Epod. 1 eine Anspielung auf den Aufbruch des Maecenas zum Krieg gegen Antonius vorliegt und andererseits in Epod. 9 der Sieg Octavians sowie die Flucht des Antonius an die Küste Afrikas erwähnt wird. Gleichzeitig sind mit Epod. 16 und Epod. 7 auch zwei Gedichte aufgenommen, die die *bella civilia* thematisieren und beide von tiefem Pessimismus geprägt sind. Überhaupt erscheint die Stimmung der *Epoden* durch die Beschreibung von Bürgerzwist (*discordia* Epod. 4,2. *tumultus* Epod. 5,3), Bosheit, sexuellen Ekels (*fastidia* Epod. 12,13) und eines Unwetters (Epod. 13) fast durchweg gefährlich, düster und schaurig. Ein Grund für die Themenwahl mag in der von Horaz in den *Epoden* durchgeführten Adaption des Archilochus gege-

---

16,49-50 im Vergleich mit der griechischen Vorlage beider Stellen, Theocrit, Idyll 11,12-3: *πολλάκι ταὶ ὄϊες ποτὶ τωὔλίον αὐταὶ ἀπῆνθον χλωρᾶς ἐκ βοτάνας*. Die Erwähnung der Euter bildet eine Gemeinsamkeit, die nicht aus Theocrit übernommen, sondern dem Motiv von einem der beiden Augusteer zugefügt worden ist. Daß aber Vergil etwa deshalb vor Horaz geschrieben haben soll, weil sich – wie Snell, *Epode* S. 196 dachte – *ipsae* in Ecl. 4,21 enger an der theocriteischen Vorlage *αὐταί* orientiere und zudem bei Vergil (wie in der Theocrit-Stelle) die Ziegen heimwärts (*domum* / *τωὔλίον*) gehen, ist nicht recht nachzuvollziehen. Denn man wird wohl jedem der beiden Dichter zugestehen dürfen, eine Theocrit-Reminiszenz im Werk eines Kollegen zu entdecken und gleichzeitig bei einer neuen Adaption des Motivs auf den „Urtext" zurückzugreifen. Vgl. Clausen, *Commentary* S. 149. Wenig überzeugend wirkt zudem Snells Ansicht, es sei *„von vornherein glaublicher, daß der Jüngere dem Älteren folgt"*: Snell, *Epode* S. 197. Vgl. auch die Skepsis von Drexler, *Epode* S. 202. Auch bei weiteren Anklängen, etwa *ultima Cumaei venit iam carminis aetas* in Ecl. 4,4 und *altera iam teritur bellis civilibus aetas* in Epod. 16,1, läßt sich nicht feststellen, welcher von beiden Versen der ursprünglichere ist. Vgl. auch Horsfall, *Collectanea* S. 357.

ben sein, in dessen Dichtungen die persönliche Invektive eine große Rolle spielt. Ganz gleich aber, ob die Gedichte in unregelmäßiger Folge während der 30er Jahre entstanden sind[52] oder ob man annehmen möchte, Horaz habe eine fiktive Gegenwart kreiert – der Dichter muß sich bei einer Publikation der Sammlung nach Actium im klaren darüber gewesen sein, daß auch die unangenehm und bedrohlich wirkenden Stücke aus der Perspektive der anbrechenden Friedenszeit gelesen und interpretiert werden würden:[53] als ein dunkler Hintergrund, vor dem das in Epod. 9 angedeutete Ende der Kriege besonders hell leuchten konnte.[54] Wenn Horaz zudem nicht nur politisch interessiert, sondern bereits seit den 30er Jahren Mitglied des Maecenas-Kreises war, der seinerseits engste Verbindungen zu Octavian pflegte,[55] wird es unausweichlich, im *Epoden*-Buch eine subtile Hommage an den *princeps* zu erblicken. Vielsagend ist die Adresse des Dichters an den nach Actium ziehenden Maecenas in Epod. 1. Der Patron ist *paratus omne Caesaris periculum subire* (1,3-4), und Horaz will ihm „folgen“: *te ... forti sequemur pectore* (1,11-4).[56]

Für die 16. *Epode* bedeutet dies, daß auch sie im Rahmen der Situation nach Actium verstanden werden muß. Wiederum muß man also fragen, wie ein Leser oder Hörer nach dem Jahre 31 dieses Gedicht aufgefaßt hätte: Er hätte das propagierte Verlas-

---

[52] So die *communis opinio*. Auch Horaz selbst gibt in Epod. 14,7 an, daß die Gedichte vor längerer Zeit begonnen worden waren (*inceptos olim ... iambos*).

[53] Vgl. die Mahnungen von Kraggerud, *Horaz* S. 69.

[54] Eine vergleichbare Situation liegt bei Horaz in der 6. Römer-*Ode* (C. 3,6) vor, die im Jahr 23 publiziert und wohl auch nicht allzu lange vor der Veröffentlichung verfaßt wurde (Kraggerud, *Ode* S. 54 und 65-6: ca. 25 v. Chr.?), wenngleich in ihr erneut der drohende Untergang Roms aufgrund der *delicta maiorum* thematisiert wird.

[55] Der Anschluß an den Maecenas-Kreis erfolgte wohl im Jahre 38. Vgl. allgemein Lefèvre, *Horaz* S. 46-60.

[56] Ob *sequemur* im wörtlichen Sinne verstanden werden muß und auf die Beteiligung des Dichters an der Schlacht deutet (wie bisweilen angenommen), ist nicht zu klären: Johnson, *Sympotica* S. 328-30. Loupiac, *trilogie* S. 139 (*„reconstitution imaginaire“* des Schlachtgeschehens).

sen der Welt der Bürgerkriege und den Aufruf zur Fahrt zu den *arva beata* unweigerlich mit dem tatsächlichen Ende der Bürgerkriege und dem folgenden Frieden assoziiert. Und er hätte das Motiv der *pietas* der Auszugswilligen in Epod. 16,63-6 (*Iuppiter illa piae secrevit litora genti* und *piis secunda vate me datur fuga*) auf die Bemühungen Octavians nach Actium bezogen, altrömische *virtutes* zu erneuern und insbesondere die *pietas* zum *„wichtigsten Leitmotiv des augusteischen Staates"* zu machen.[57] Octavian ist demnach in der 16. *Epode* aus der Perspektive der Jahre 31 und 30 bereits unterschwellig präsent, und es wäre wohl töricht anzunehmen, daß Horaz diese Assoziationen auf das Zeitgeschehen bei der Veröffentlichung des *Epoden*-Buchs nicht beabsichtigt oder nicht wenigstens billigend in Kauf genommen hätte.[58] Somit gibt es keinen Anlaß, Horaz in diesem Werk Pessimismus und wirkliche Furcht vor dem Untergang Roms zu unterstellen.[59] Die 16. *Epode* bildet jedenfalls einen würdigen Gegenpol zur 1. *Epode*. Zieht in Epod. 1 Maecenas aus, um mit Octavian die Bürgerkriegszeit zu beenden, so sollen in Epod. 16 alle Römer – oder der bessere Teil der Bürgerschaft (16,37) – die Welt der Bürgerkriege verlassen und in eine bessere Welt (die Friedenszeit unter Octavian) ziehen. Daher ist es durchaus möglich, daß die 16. *Epode* selbst erst nach Actium entstanden ist, wie in jüngerer Vergangenheit bisweilen vermutet wurde.[60] Das exakte Datum der Publikation und – gegebenenfalls – Entstehung nach 31 muß jedoch m.E. offen bleiben.[61]

---

[57] Zanker, *Augustus* S. 108. Vgl. Galinsky, *Culture* S. 86-8.

[58] Vgl. Kraggerud, *Ode* S. 66-7.

[59] Wimmel, *Eclogen* S. 225 (*„lucrezisches Untergangspathos"*). Stroh, *Horaz* S. 309. Seager, *Horace* S. 25 (*„the whole poem is no more than a cry of despair"*).

[60] Kraggerud, *Horaz* S. 129-55 (bes. 136 und 169). Vgl. Stroh, *Horaz* S. 306-7. Bedenken dagegen bei Burck, *Horaz*.

[61] Da die Kämpfe auch bis in das Folgejahr andauerten und die Zeit der Kriege erst mit dem Tode des Antonius und der Cleopatra wirklich beendet war, könnte auch erst die Zeit nach der Einnahme Alexandriens für die Veröffentlichung (und vielleicht auch Abfassung) in Frage kommen. Denn obwohl es bereits nach Actium genug Optimismus auf Seiten der Anhänger

Die Klärung der Prioritätsfrage ermöglichen die eben angestellten Überlegungen nicht. Wenn aber die 4. *Ecloge* und die 16. *Epode* nicht nur nach Actium publiziert wurden, sondern auch etwa zeitgleich entstanden sein können, so schwinden die Unterschiede zwischen beiden Gedichten: Horaz wirbt in derselben Weise für den im Entstehen oder im Aufbau begriffenen Prinzipat wie Vergil, und beide Dichter weisen auf Octavian aus der Perspektive der Bürgerkriegszeit, um die Segnungen des neuen *saeculum* deutlicher herausstellen zu können.[62]

Octavians gegeben haben muß, daß Antonius und Cleopatra bald endgültig besiegt werden würden, mag es für die Dichter ein Wagnis dargestellt haben, eine „Friedenszeit unter Octavian" als kommend anzukündigen – die Chance, daß dieses Vorhaben Octavians vielleicht doch scheitern könnte, blieb, zumal es in Italien auch nach dem Sieg von Actium gärte. Vgl. Dio 51,4.

[62] Vgl. Schmidt, *Glück* S. 6, für den *„Ekloge 4 und Epode 16 ... die Gründungsdokumente der augusteischen Dichtungs- und Heilslandschaftendichtung"* sind.

3. Die *otia* des Hirten Tityrus (zur ersten und neunten *Ecloge*)

Die Regelung der Veteranenversorgung gehörte in der Bürgerkriegszeit zu den großen Herausforderungen der römischen Heerführer. Sulla mußte nach 88 v. Chr. eine Zahl von etwa 80000 Mann[1] wieder in das bürgerliche Leben eingliedern und löste das Problem dadurch, daß er die Veteranen in einem großangelegten Siedlungsprogramm in Italien verteilte.[2] Hiermit schuf sich Sulla eine gewaltige Klientel, konnte er doch auf die Loyalität der versorgten ehemaligen Soldaten vertrauen.[3]

Besonders akut wurde das Veteranenproblem erneut nach dem Sieg der Caesarianer über die Caesarmörder bei Philippi (42).[4] In der auf den Sieg folgenden Vereinbarung zwischen Antonius und Octavian wurde neben einer Aufteilung der Provinzen[5] festgelegt, daß Octavian eine im Vorjahr beschlossene[6] Konfiskation von Land durchführen und die Distribution an die entlassenen Veteranen übernehmen solle.[7] Ihm muß klar gewesen sein, daß sich die Landverteilung in die Sympathie der Versorgten ummünzen ließ und daß diese Maßnahme somit einen

[1] So die Schätzung von Brunt, *Manpower* S. 305.

[2] Appian, Civ. 1,96/448. 100/470. 104/489 (angeblich 120000 Mann).

[3] Die innenpolitische Brisanz einer solchen Maßnahme stand den Zeitgenossen deutlich vor Augen. Als etwa der Volkstribun P. Servilius Rullus zur Jahreswende 62-63 eine *lex agraria* einbrachte, mit der Siedlungsland in Italien beschafft werden sollte, opponierte der Consul Cicero dagegen mit aller Vehemenz und warnte vor den Folgen für die innere Stabilität (Leg. agr. 2,28/75).

[4] Vgl. zum Folgenden: Schneider, *Problem* S. 213-28. Keppie, *Colonisation* S. 58-69. Vgl. auch zu den Hintergründen: Gabba, *War*.

[5] Appian, Civ. 5,3/12. Vgl. 5,12/47 (Octavian überläßt dem Lepidus Africa im Tausch).

[6] Dio 47,14,4-5. Zu den 18 betroffenen Städten gehörten nach Appian, Civ. 4,3/10-13 Capua, Rhegium, Venusia, Benevent, Nuceria, Ariminum und Hipponium.

[7] Dio 48,2,3. Appian, Civ. 5,3/11. 5,12/48-13/53. Kienast, *Augustus* S. 42-4. Die Assignationen des Jahres 41 konnten aufgrund der Vorbereitungen recht schnell abgewickelt werden: Hinrichs, *Landversprechen* S. 541.

Faktor zur Schaffung einer Hausmacht in Italien darstellte.[8] Octavians Aktivitäten griffen jedoch im Jahre 41 über die Vereinbarungen von 43/42 hinaus: Anstatt die Konfiskationen auf 18 zuvor festgelegte Städte zu beschränken, scheint er auch auf andere Gebiete zurückgegriffen zu haben.[9] Bei den Enteigneten büßte Octavian jegliche Sympathien ein, so daß diese von der Partei des Consuls L. Antonius (des Bruders des Triumvirn) umworben wurden.[10] Durch den Umstand verstärkt, daß Sextus Pompeius den Getreidehandel nach Italien behinderte und eine Hungersnot provozierte,[11] befand sich Octavian im Jahre 41 in einer äußerst prekären Lage: Scharen von Vertriebenen versammelten sich in ihrer Verzweiflung in Rom, so daß sich auch hier die Stimmung gegen Octavians Zwangsmaßnahmen zu richten begann.[12]

Das gesellschaftliche Gefüge in Italien blieb auch für die Folgezeit gestört. Im Jahre 36 mußte Octavian massiv gegen das Räuberunwesen vorgehen, das wohl eine Folge der Güterkonfiskationen darstellte.[13] In den Jahren 36 und 31-30, nach Actium, war Octavian gezwungen, erneut Land an seine Veteranen zu verteilen, ohne daß es jedoch nach unseren Quellen zu solch dramatischen Verhältnissen kam wie um 41.[14]

Im Raum nördlich des Padus sind die Konfiskationen der Bürgerkriegszeit und die Neuordnung des Landes noch heute durch die Flureinteilung und aufgrund epigraphischer Belege

---

[8] Vgl. Appian, Civ. 5,12/50.

[9] Dio 48,6,3. Appian, Civ. 5,22/87. Brunt, *Manpower* S. 328-30.

[10] Dio 48,6,4-7,4. Vgl. Appian, Civ. 5,14/59.

[11] Dio 48,7,4. Appian, Civ. 5,15/60.

[12] Appian, Civ. 5,12/49. 5,18/72-3.

[13] So Kienast, *Augustus* S. 57. Vgl. Appian, Civ. 5,132/547-8.

[14] Schneider, *Problem* S. 229-35. Landanweisungen des Jahres 36 durch Verteilung öffentlichen Geländes und durch Ankauf von Land bei Capua: Dio 49,13-4. Landanweisungen des Winters 31-30 auf Kosten derjenigen Städte Italiens, die dem Antonius freundlich gesinnt waren: Dio 51,3-4. Die von dort Vertriebenen wurden allerdings durch eine Ansiedlung in Dyrrachium und Philippi entschädigt. Keppie, *Colonisation* S. 192-4 (Brixia).

nachvollziehbar,[15] wenngleich leider gerade für die Zeit um das Jahr 40 keine dokumentarischen Nachrichten über eine Aufteilung von Territorien durch Octavian existieren.[16] Vor allem die Gegend um die Stadt Cremona mitsamt eines Gebietes, das bis vor Mantua reichte, scheint betroffen gewesen zu sein. L. Keppie vermutete, daß hier u.a. Veteranen der *legio X Veneria* angesiedelt wurden, die nach der Konferenz von Bononia im Oktober 43 zu den Truppen des Antonius gehörte.[17] Wichtig ist hierbei die Nachricht, daß Octavian auf Druck der Gegenpartei im Jahre 41 die Bestellung von Siedlungsbeauftragten durch die Antonianer für die Legionen des Antonius zuließ, die sich nach Appian äußerst gewalttätig verhalten hätten.[18] So könnten in der Transpadana die Kommissare des Antonius tätig gewesen sein. Verzerrt wird unser Bild durch den Umstand, daß in diesem Gebiet, deren Bewohner im Jahre 49 das römische Bürgerrecht erhalten hatten,[19] bis zur Einnahme Perusias (40) wenigstens teilweise im Einflußbereich des Triumvirn Antonius gelegen haben muß.[20] Denn trotz der im Anschluß an die Schlachten von Philippi getroffenen Vereinbarung, die Gallia Cisalpina (und hiermit die Transpadana) aus den von den Triumvirn kontrollierten Gebieten dem „freien" Italien zuzuschlagen,[21] zögerte dieser offenbar,

---

[15] Vgl. Tozzi, *Storia* (speziell zum Gebiet von Mantua: S. 55-72) sowie den Überblick bei Keppie, *Colonisation* S. 187-92 (Cremona).

[16] Jüngst etwa fand sich eine Katasterinschrift im transpadanischen Verona (nördlich von Mantua), die jedoch nur allgemein in die Jahre 50-30 v. Chr. datiert werden kann: Cavalieri Manasse, *documento*. Die keltisch geprägte Transpadana war im 1. Jh. v. Chr. bereits stark romanisiert: Càssola, *colonizzazione* S. 23.

[17] In Bagnolo (35 km nördlich von Cremona) fand sich ein Epitaph eines Veterans dieser Legion, C. Lanius C. f. Ani., dessen Tribus-Name Ani(ensis) nach Cremona deutet (CIL 5,4191 = ILS 2241): Keppie, *Vergil* S. 369 und *Colonisation* S. 67.

[18] Appian, Civ. 5,14/58. Die Zahl der Colonien des Antonius in Italien war im Jahre 32 gering: Dio 50,5,3 (etwa Bononia).

[19] Dio 41,36. Cicero, Or. 10/34. Vgl. Tacitus, Ann. 11,24.

[20] So der berechtigte Hinweis von Liegle, *Tityrusekloge* S. 222.

[21] Dio 48,12,5. Appian, Civ. 5,3/12. Vgl. 5,22/87.

seine Truppen von dort abzuziehen.[22] Andererseits scheint Octavian schon zur selben Zeit selbst in der Cisalpina aktiv gewesen zu sein. Bei der Versammlung der Beschwerdeführer im Jahre 41 vor dem Consul L. Antonius erklärte der Antonianer Manius, Octavian „befreie“ die Κελτική (d.h. er vereinige die Cisalpina mit Italien) und weise den ausgedienten Soldaten „fast ganz Italien“ zu.[23] Noch im Jahre 41, im Vorfeld des *Bellum Perusinum*, empfingen die Veteranen, die sich auf die Seite Octavians geschlagen hatten, Unterstützung aus der Gallia Togata.[24] Als Belege für eine Verteilung von Land in der Transpadana in dieser Zeit führt man zumeist auch Vergils 1. und 9. *Ecloge* an, die als indirekte Zeugnisse für die hierdurch bei den Enteigneten ausgelöste soziale Not gelten. Weitere Informationen meint man den antiken Vergil-Biographien und -Kommentaren entnehmen zu können.

In der 1. *Ecloge* beschreibt Vergil das Gespräch zwischen zwei Landleuten, Tityrus und Meliboeus. Überall herrscht Unruhe: *undique totis usque adeo turbatur agris* (1,11-2). Meliboeus, offenbar ein freier Bürger,[25] mußte sein Land verlassen: *nos patriae finis et dulcia linquimus arva. Nos patriam fugimus* (1,3-4). Tityrus dagegen, ein ehemaliger Sklave, genießt Ruhe, kann seine Rinder weiden und sich die Zeit mit Flötenspiel vertreiben (1,6-10). Als Urheber für seine Muße nennt er einen Gott: *deus nobis haec otia fecit* (1,6). Um der Freiheit willen, die *longo post tempore venit* (1,29), ist Tityrus nach Rom gegangen und hat ihn dort aufgesucht: *hic illum vidi iuvenem ... hic*

---

[22] Appian, Civ. 5,20/80 scheint anzudeuten, daß C. Asinius Pollio mit Truppen des Antonius noch vor dem Perusinischen Krieg in der Cisalpina stand. Vgl. Syme, *Revolution* S. 209 („*The decision to abolish this province and unite the territory to Italy had not yet, it appears, been carried out*“).

[23] Appian, Civ. 5,22/86-7: *τήν τε γὰρ Κελτικὴν Ἀντωνίῳ πρότερον δεδομένην ἐλευθεροῦν μετ᾽ ἐξαπάτης Ἀντωνίου καὶ τὴν Ἰταλίαν σχεδὸν ἅπασαν ἀντὶ μόνων ὀκτωκαίδεκα πόλεων τοῖς ἐστρατευμένοις καταγράφειν τέσσαρσί τε καὶ τριάκοντα τέλεσιν ἀντὶ ὀκτὼ καὶ εἴκοσι τῶν συμμαχησάντων ἐπινέμειν οὐ γῆν μόνην, ἀλλὰ καὶ τὰ ἐκ τῶν ἱερῶν χρήματα.*

[24] Dio 48,12,5.

[25] Vgl. Bethe, *Vergilstudien* S. 582: „*ein freier Mann*“.

mihi responsum primus dedit ille petenti: „pascite ut ante boves, pueri, summittite tauros“ (1,42-5). So wird ihm auch sein Boden erhalten bleiben: *ergo ... rura manebunt* (1,46).

Auch in der 9. *Ecloge* wird ein Gespräch zweier *rustici* beschrieben, Lycidas und Moeris. Die vorherrschende Stimmung im Gedicht ist Resignation. Beide befinden sich auf dem Wege in eine (norditalische) Stadt. Moeris ist von seinen Feldern vertrieben worden und muß dem neuen Besitzer in der Stadt seine Böckchen abliefern. Beide müssen erkennen, daß Gedichte im Kriege nichts bewirken und nicht vor Vertreibungen schützen können: *sed carmina tantum nostra valent, Lycida, tela inter Martia quantum Chaonias dicunt aquila veniente columbas* (9,11-3). So verkürzen sie sich die Zeit des Marschierens mit dem Singen von Liedern, bis Moeris eingestehen muß, daß er viele Gesänge vergessen hat: *nunc oblita mihi tot carmina, vox quoque Moerim iam fugit ipsa* (9,53-4). Historisch bedeutsam ist der Umstand, daß beide die Lieder eines anderen Dichters zitieren, Menalcas, in denen dieser den Varus (cos. suff. 39) bittet,[26]

[26] Die Details der Tätigkeit des Varus im Zusammenhang mit den Landverteilungen sind nicht näher bekannt (die Erwähnungen bei Vergil und in den Vergil-Kommentaren sind die einzigen Belege hierfür), wenngleich aus dem Kontext die Annahme naheliegt, daß Varus hier stellvertretend für Octavian handelte (vgl. auch Servius auct., Ecl. 6,6). Zudem muß unsicher bleiben, ob die ebenfalls (in den *Eclogen* 3, 4, 6 und 10) erwähnten Pollio und Gallus mit denselben Aufgaben betraut waren, wie in der Vergilvita des Sueton-Donat angegeben wird (VSD §19: *ad Bucolica transiit, maxime ut Asinium Pollionem, Alfenum Varum et Cornelium Gallum celebraret, quia in distributione agrorum, qui post Philippensem victoriam veteranis triumvirorum iussu trans Padum dividebantur, indemnem se praestitissent*). Denn es ist mit der Möglichkeit zu rechnen, daß die antiken Vergilinterpreten hier keine Fakten, sondern lediglich Schlüsse wiedergaben, die auf der philologischen Auslegung der Dichtung selbst basierten (Kroll, *Randbemerkungen* S. 53-4. Zweifel an der Existenz einer Körperschaft von *triumviri agris dividundis* bei Hardie, *iuvenis* S. 19. Vgl. Mazzarino, *epigramma* S. 20-8 und Manzoni, *poeta* S. 19-23, die wenigstens annehmen, Gallus habe das Amt eines *praepositus ... ad exigendas pecunias ab his municipiis quorum agri in Transpadana regione non dividebantur* bekleidet, wie Servius auct., Ecl. 6,64 bezeugt. Im übrigen kam es bei den antiken Kommentatoren auch zur Verwechslung von Personen ähnlichen Namens: Starr, *Varus* S. 251-2). Wichtig

wenigstens die Stadt Mantua vor den Konfiskationen zu retten (9,26-8). Doch bereits die Nachricht über die Schonung eines kleinen Gebietes hatte sich als ein Gerücht herausgestellt (9,9-10).

Die philologischen und strukturellen Probleme, die die moderne Forschung in diesen Gedichten beschäftigt, können hier nur angerissen werden. Wir wollen uns hier auf die Punkte beschränken, die für den weiteren Gang unserer Überlegungen wichtig sind. Die Schwierigkeiten betreffen insbesondere den Bericht des Tityrus in der 1. *Ecloge*.[27] Erstens: Meliboeus, der seine Heimat verlassen mußte, fragt den Tityrus nach dem Grund seiner *otia* und nach dem Gott, der sie ihm verschafft habe, doch Tityrus erzählt zunächst recht weitschweifig von der Größe Roms, um dann überrschenderweise von der *libertas* (1,27) zu berichten, die er erlangte. Er ist also ein Freigelassener. Erst in Ecl. 1,40-5 vermerkt er, daß ihm der jugendliche Gott in Rom erlaubte, wie früher seine Herden zu hüten. Hier sind anscheinend zwei inhaltliche Ebenen miteinander verknüpft worden, die Freiheit des ehemaligen Sklaven Tityrus und das Problem der drohenden Landkonfiskation, von der er offenbar durch das *responsum* des göttlichen Jünglings verschont blieb. Irritierend ist indes, daß Tityrus allein wegen der *libertas* nach Rom gegangen zu sein scheint, doch die Antwort des *iuvenis* bezieht sich auf die Bewahrung des Landbesitzes.[28] Zwei Mo-

---

ist der Umstand, daß Alfenus Varus im Jahre 39 Consul war und die *recusatio* Vergils in Ecl. 6,6-12, seine Taten episch zu behandeln, eine Reverenz an seine Bekleidung des Consulats sein kann (ähnlich ist die *recusatio* des Properz in der *Elegie* 2,1, er könne keine epischen Gedichte verfassen und etwa den Ruhm Caesars besingen, natürlich trotz der Ablehnung dennoch eine Reverenz an Augustus. M.E. unbegründet ist die Annahme von Greene, *Identity* S. 251, Properz wolle das Publikum hier an die *„destruction and losses perpetrated by the Emperor"* erinnern). So mag seine Nennung in Ecl. 9,26-7 ebenfalls versteckt an die Ausübung dieses Amtes bezogen sein. Vgl. zu Varus: Horaz, Sat. 1,3,130 mit Porphyrio (zur Stelle). Klebs/Jörs, *Alfenus*.

[27] Vgl. Bethe, *Vergilstudien* S. 577 und 581: *„unüberwindliche Schwierigkeiten"*.

[28] Das vieldiskutierte Problem der sozialen Stellung des Tityrus und seines Verhältnisses zu seiner Scholle können wir hier beiseite lassen, zumal es fraglich bleibt, ob Vergil eine historisch exakte Situation schildern wollte

tive scheinen hier unverbunden nebeneinanderzustehen. So verwundert es nicht, daß sich die Forscher uneins sind, ob das Gedicht mit Absicht so gestaltet wurde,[29] oder ob man vielmehr den Schluß ziehen muß, der Autor habe wenig geschickt *„zwei einander ausschliessende Entwürfe zu einem Gedichte verarbeitet“.*[30] Zweitens: Offenbar wird beides, Freiheit und Landbesitz, vom *iuvenis* in Rom gewährt. Doch aus welchem Grunde erkaufte sich Tityrus die Freiheit in Rom? Hätte es für Tityrus nicht ausgereicht, bei seinem Herrn vorstellig zu werden, statt sich an den Gott in Rom zu wenden? Oder residierte sein Herr etwa auch in Rom?[31] Offenbar nicht, denn die Passage *quid facerem? neque servitio me exire licebat, nec tam praesentis alibi cognoscere divos* (1,40-1) deutet darauf hin, daß seiner Freilassung Hindernisse entgegenstanden, etwa weil sein Herr einer Freilassung trotz seines Sparens nicht zustimmen wollte und Tityrus daher nach anderen Wegen suchen mußte,

---

oder vielmehr das von Theocrit vorgegebene zeitlose Hirtenidyll lediglich mit Anklängen an die Zeitgeschichte verknüpfte. Nach Leo, *Ecloge* S. 6-7 hat Tityrus sein Grundstück bereits als Sklave besessen, *„aber selbstverständlich precario“*. Liegle, *Tityrusekloge* S. 214-5 nimmt an, daß Tityrus als nach Freiheit strebender Unfreier deshalb nach Rom gehen mußte, weil sein Land (als *ager extra clusus*) dem römischen Staat gehörte. Veyne, *Gesellschaft* S. 222-8 denkt (im Anschluß an eine ältere Annahme von J. Perret), daß Tityrus Sklave (und später Freigelassener) Octavians war. Du Quesnay, *First Eclogue* S. 115-21 nimmt dagegen an, daß Tityrus vor seiner Reise nach Rom bereits „informell“ manumittiert worden war, daß er jedoch rechtlich weiterhin Sklave war. Dagegen Schmidt, *Freedom* S. 200-1: *„he was neither formally nor informally free; he was a man who knew that he had already secured his freedom* [durch Sparen von Geld] *and that he needed to ratify it with the seal of an administrative act“.*

[29] Jachmann, *Technik* S. 320-1: *„die Unklarheit, die so in beide Vorgänge getragen wird, ist durchaus beabsichtigt“*. Ähnlich bereits Leo, *Ecloge* S. 9. v. Albrecht, *Poesie* S. 152-6 betont ein bewußtes *„Seltsammachen“*. Vgl. Büchner, *Vergilius* Sp. 161-3.

[30] Bethe, *Vergilstudien* S. 583, der dies im übrigen auch für die 9. *Ecloge* postuliert (vgl. Wagenvoort, *Eclogues* S. 255 und passim).

[31] Leeman, *Form* S. 165-6.

seine Freiheit zu erwerben.[32] Sonst fanden sich, wie Tityrus vermerkt, keine „gegenwärtigen" Gottheiten (1,41: *praesentis ... divos*), die Hilfe gewähren konnten. So scheint es, daß Tityrus durch den Einfluß des *deus* seine Freilassung trotz der Weigerung des Herrn erreichte.[33] Tityrus wurde demnach durch das Aufsuchen dieses göttlichen Gönners zweifach belohnt: beides, Freiheit und der Erhalt seiner *rura*, sind Anlaß für seine derzeitigen *otia*. Drittens: An der Darstellung Vergils ist weiterhin die Antwort des *deus* irritierend. Denn diese richtete sich nicht an Tityrus allein: *„pascite ut ante boves, pueri, summittite tauros"* (1,45). Ist er also nicht als einziger *puer* nach Rom gekommen, um eine Petition wegen seiner *manumissio* oder hinsichtlich des Landbesitzes an den *deus* zu richten, oder ist er zumindest einer von mehreren Personen, die zur selben Zeit unterschiedliche Anliegen vorgebracht haben? Dieses Problem muß offengelassen werden. Offenbar ist jedoch der *iuvenis* ein Wohltäter für viele *pueri*. Wenngleich die Darstellung Vergils hier „unscharf" wirkt, so gibt doch gerade diese „Unschärfe" der Person des jugendlichen Gottes etwas Wunderbares.[34]

Wer versteckt sich hinter dem *iuvenis* und *deus* der 1. *Ecloge*? Diese Frage wird durch die antiken Kommentatoren[35] und in der modernen Forschung recht einhellig mit der Person Octavians beantwortet,[36] zumal Octavian auch im Zentrum der

---

[32] Vgl. dagegen v. Albrecht, *Poesie* S. 141: *„Durch neque ... neque ist gesagt, daß der Freikauf und die Begegnung mit dem Gott zwei verschiedene Dinge waren. Zum Freikauf bedurfte Tityrus keines Gottes mehr"*.

[33] Vgl. Bethe, *Vergilstudien* S. 580.

[34] v. Albrecht, *Poesie* S. 155. Vgl. Leeman, *Form* S. 163: *„Die Welt der ersten Ekloge ähnelt einem Janus Bifrons"*.

[35] Servius, Ecl. 1,7. Philargyrius, Verg. Ecl. 1,6-7.

[36] Clausen, *Date* S. 202-5 und *Commentary* S. 32: *„a poem praising Octavian"*. Coleiro, *Introduction* S. 180-97 (passim). Coleman, *Vergil* S. 73-4 (*„the reference is certainly to Octavian"*) und 80. Vgl. Strasburger, *Vergil* S. 48. Wimmel, *Tityrus* S. 350. Möller, *Götterattribute* S. 206-8. Koster, *Vergil* S. 130. Kytzler, *Zentren* S. 75-6. Demandt, *Zeitenwende* S. 19. Eine Ausnahme stellen etwa Liegle, *Tityrusekloge* S. 224, Hardie, *iuvenis* S. 26-8 sowie Green, *Octavian* S. 226-32 dar, die die Möglichkeit in Betracht ziehen, Vergil könne sich auf L. Antonius bezogen haben.

4. *Ecloge* zu stehen scheint[37] und Vergil ihn auch in den *Georgica* (1,500-1) als *iuvenis* bezeichnet.[38] Daß ein Mensch hier in die Sphäre der Göttlichkeit erhoben wird, ist für das 1. Jh. v. Chr. nichts Ungewöhnliches.[39] Nach dem Tode Caesars nahm Octavian den Titel *divi filius* an, und die politischen Führer der späten Republik waren aus propagandistischen Gründen ohnehin vielfach bemüht, sich der Götterwelt anzunähern.[40] Wenn Tityrus überdies anmerkt, daß eher der Parther aus dem Arar und der Germane aus dem Tigris trinkt, ehe er, der Hirte, seinen göttlichen Wohltäter vergesse (1,59-63), scheint der Dichter suggerieren zu wollen, daß *„der Gott des Tityrus eben dies verhindert, den Bestand des Reiches garantiert; er kann also keine zweitrangige Persönlichkeit des politischen Lebens sein"*[41] – gemeint ist demnach sicher kein anderer als der Erbe Caesars.

---

[37] Vgl. Kap. 2.

[38] Vgl. Hardie, *iuvenis* S. 18. Im übrigen wird er auch von Horaz in dem nach Actium veröffentlichten zweiten *Satiren*-Buch (2,5,62) als *iuvenis* bezeichnet.

[39] Clauss, *Kaiser* S. 41-75. Vgl. Terzaghi, *edizione* S. 134, der dieses Problem durch die Annahme löst, daß *„anche per il valore limitativo del mihi, deus è parola di senso amplificatorio"*. Ähnlich auch Thraede, *Poesie* S. 276 (*„der Privatgott eines Hirten"*), Veyne, *Gesellschaft* S. 228 Anm. 1 (*„eine Art privater Vergötterung"*) und Gurval, *Actium* S. 106 (*„only a private expression of gratitude by a herdsman, not a manifestation of public worship"*). Clausen, *Date* S. 202-3 hebt hingegen in der 1. *Ecloge* Elemente von *„Hellenistic ruler worship"* hervor.

[40] Vgl. Clauss, *Deus* S. 411-6 und *Kaiser* S. 54-75, der eindringlich auf die Bestrebungen Octavians nach Caesars Tod hinweist, göttliche Ehren zu erlangen. Unsicher ist, wann sich Octavian selbst als *divi filius* bezeichnete. Nach Th. Mommsen sei dies nach der Divinisierung Caesars im Jahre 42 erfolgt. Dagegen vermutet Heinen, *Begründung* S. 140, daß Octavian den Titel erst im Frieden von Brundisium vom Jahre 40 annahm. Auf Münzen erscheint er erst im Jahre 38 (Crawford, *Coinage* Bd. 1 Nr. 534). Allerdings bezeichnet ihn Cicero schon in der 5. *Philippica* (im Jahre 43) als *divinus* (Phil. 5,43: *Quis tum nobis, quis populo Romano obtulit hunc divinum adulescentem deus?*), und bereits im Vorjahr bescheinigte er ihm „göttliche Einsicht" (Phil. 3,3: *incredibili ac divina quadam mente*). Die Vergöttlichung Lebender durch panegyrische Literatur steht in guter hellenistischer Tradition.

[41] v. Albrecht, *Poesie* S. 143.

Hier beginnt jedoch gleichzeitig eine weitere Schwierigkeit der Interpreten dieses Gedichts. Denn es bleibt zunächst unverständlich, wieso Octavian als Gott gefeiert wird, der *nobis haec otia fecit.* War er aber nicht, wie wir sehen konnten, in den Konfiskationsjahren 42 und 41 alles andere als ein Politiker, der der Landbevölkerung Italiens ein Leben in *otia* ermöglichte? Schon im Jahre 43 hatte Octavian gemeinsam mit seinen Partnern Ächtungen beschlossen, die in blutigen Terror ausarteten.[42] Zwar war Octavian nach Philippi bestrebt, die Gallia Cisalpina aus der direkten Zuständigkeit der Triumvirn zu lösen, das Gebiet dem neutralen Italien anzugliedern und ihm somit einen „autonomen" Status zu geben (Appian, B.C. 5,3/12: *αὐτόνομον*) oder es zu „befreien" (5,22/87: *ἐλευθεροῦν*).[43] Dennoch war er in diesen Jahren, in die Vergil seine Akteure versetzt, *„mindestens schon der Urheber der Proskriptionen, falls nicht bereits auch der Sieger von Perusia"*,[44] in jedem Falle aber durch die Konfiskationen der Verursacher von massivem Leid für die italische Bevölkerung und wohl auch für die der Gallia Cisalpina. Es mag an dieser Stelle eingewendet werden, daß die antiken Vergilinterpreten überliefern, daß das persönliche Besitztum Vergils in Norditalien (auf Initiative Octavians) nachträglich von den Enteignungen ausgenommen worden war,[45] so daß vielfach angenommen wurde, im Schicksal der in den *Bucolica* auftauchenden Personen würde sich Vergils eigene Biographie

---

[42] Vgl. Kienast, *Augustus* S. 37-41.

[43] Dieser Wunsch ging angeblich auf Caesar selbst zurück. Das „italische Recht", das hiermit gemeint ist, umfaßte die Befreiung von der Grundsteuer und Rekrutenstellung sowie von regelmäßiger Einquartierung. Vgl. Mommsen, *libri* S. 180-1. Dio 48,12.

[44] So Strasburger, *Vergil* S. 53.

[45] Servius, Ecl. Prooem. S. 3: *perdito ergo agro Vergilius Romam venit et potentium favore meruit, ut agrum suum solus reciperet. ad quem accipiendum profectus, ab Arrio centurione, qui eum tenebat, paene est interemptus, nisi se praecipitasset in Mincium (...). postea ab Augusto missis tribus viris et ipsi integer ager est redditus et Mantuanis pro parte.* Philargyrius, Verg. Ecl. Prooem. S. 6-7. Vgl. VSD §19.

widerspiegeln.[46] Ob diese Nachrichten historisch richtig sind oder vielmehr allein auf der phantasievollen Interpretation der *Eclogen* basieren, müssen wir indes offen lassen.[47] Selbst wenn aber Vergil in der Tat von den Konfiskationen verschont blieb und ein persönliches Motiv für eine Ehrung des brutalen Triumvirn vorlag,[48] mußte doch in den 30er Jahren eine Thematisierung dieser problematischen Maßnahmen und eine Zeichnung Octavians als „Retter" die Leser des Gedichts in höchstem Maße befremden, ja sogar wie blanker Zynismus wirken. Wie sehr die Landenteignungen und die Proskriptionen dieser Zeit selbst von den Verantwortlichen als offene Wunden empfunden wurden und noch nach dem Ableben des Augustus Kritik hervorriefen, belegt etwa der Bericht des Tacitus in den *Annalen*.[49] Damit jedoch nicht genug: Das römische Publikum dürfte auch durch die Zeichnung der Protagonisten irritiert worden sein. Für Leser und Hörer bleibt trotz des Heiles, das der Freigelassene Tityrus

---

[46] Eine weitgehende Identität Vergils mit dem Tityrus der 1. *Ecloge* nehmen etwa Jachmann, *Technik* S. 319, Liegle, *Tityrusekloge* S. 229-30 und Klingner, *Ekloge* S. 236-7 an. Dagegen vermutet Leeman, *Form* S. 170-1, Vergil sei in den beiden Personen der ersten *Ecloge „anwesend"*, und Fredericksmeyer, *Octavian* S. 209, er sei *„at the same time both Tityrus and Meliboeus and neither"* (vgl. auch Büchner, *Vergilius* Sp. 164: *„unauflösbar"*). Die „extreme" Ansicht von L. Herrmann, der hinter jeder in den *Bucolica* genannten Person aus der Hirtenwelt eine zeitgenössische Persönlichkeit vermutet (in der Art einer *„mascarade littéraire"*), wird heute – soweit ich sehe – nicht mehr ernsthaft in Erwägung gezogen. Vgl. Herrmann, *masques* S. 17 und die Übersicht S. 173-4 (dort auch eine Identifikation Vergils mit dem Hirten Menalcas, wie schon Quintilian, Inst. 8,6,47 annahm. Ebenso etwa: Hanslik, *Nachlese* S. 11). Vgl. Rumpf, *Nomina* S. 172.

[47] Vgl. Coleman, *Vergil* S. 89: *„It is doubtful whether the somewhat confused accounts in the ancient commentaries and Vitae are based on much more than inference from the two poems concerned and the desire to reconcile them"* (vgl. S. 274). Kroll, *Randbemerkungen* S. 50-5. Naumann, *Leben* S. 16. Vgl. Strasburger, *Vergil* S. 49.

[48] Immerhin scheint sich Vergil in Ecl. 6,4 selbst mit der Person des Hirten Tityrus zu identifizieren, der durch Apoll davon abgehalten wird, die *laudes* des Varus zu singen.

[49] Tacitus, Ann. 1,10,2 (aus dem Bericht über die Augustus-Kritiker): *proscriptionem civium, divisiones agrorum ne ipsis quidem, qui fecere, laudatas.*

genießt, ein bitterer Nachgeschmack im unabgewendeten Schicksal des Bürgers Meliboeus (vgl. 1,71-2: *civis ... miseros*). Ähnliches gilt für die beiden Personen der 9. *Ecloge*, die davon hörten, daß ein kleines Gebiet „gerettet" worden ist (9,10: *servasse*), doch nicht nur von dieser Rettung selbst nicht profitierten, sondern vielmehr erkennen müssen, daß dies nur ein Gerücht war: *audieras, et fama fuit* (9,11). Hierdurch wirkt das Bild Octavians deutlich ambivalent,[50] zumal das fehlende Mitleid der (oder: des) Verantwortlichen bei den Lesern selbst Mitgefühl für die Geschädigten hervorgerufen haben dürfte. So verwundert es nicht, daß dies schon in der Antike als Kritik Vergils an Octavian wahrgenommen wurde: *hic Vergilius Octavianum Augustum laesit*.[51] Immerhin wäre diese Kritik so deutlich erkennbar, daß sie neben dem von Tityrus formulierten Lob recht anstößig gewirkt haben müßte.[52] So müssen wir mit H. Strasburger fragen, warum wohl Vergil die *„Anspielungen auf die rauhe Wirklichkeit"* vor dem Hintergrund der positiven Darstellung Octavians nicht einfach unterließ.[53]

Bei aller Liberalität, die Caesars Adoptivsohn an den Tag gelegt haben mag, scheint mir die einzige mögliche Antwort die zu sein, daß der literarisch und propagandistisch sensible Octavian mit der Darstellung der Zeit der Enteignungen durch Vergil einverstanden war. Nehmen wir den Dichter beim Wort, so scheinen die *Bucolica* sogar eine Auftragsdichtung Octavians gewesen zu sein. Denn in Ecl. 8,7-12 verkündet Vergil dem anonymen Feldherrn: *en erit umquam ille dies, mihi cum liceat*

---

50 Binder, *Herrschaftskritik* S. 141. Vgl. auch Winterbottom, *Virgil* S. 56 (*„The poem balances carefully between eulogy and criticism of Octavian"*). v. Albrecht, *Poesie* S. 144 (*„es erklingt Zeitkritik"*).

51 Servius, Ecl. 1,70. Vgl. 1,12.

52 Dagegen meint etwa Buchheit, *Vergil* S. 54-5, daß von Vergil *„mit dem Unglück des Meliboeus kein Schuldner belastet wird"*. Wimmel, *Tityrus* S. 359 denkt an *„verdeckte Provokation"* in der 1. *Ecloge*, die jedoch wiederum *„nicht anti-octavianisch"* sei (vgl. Fredericksmeyer, *Octavian* S. 218: Kritik an Octavian bzw. *„evaluation of his past acts"* nur *„by indirection"*). Nielsen, *Virgil* S. 154 und 160 hebt dagegen Elemente massiver Kritik hervor. Vgl. Green, *Octavian* S. 236 (*„attitudes of hostility and indifference"*).

53 Strasburger, *Vergil* S. 57.

tua dicere facta? ... a te principium, tibi desinam: accipe iussis carmina coepta tuis. Der Angesprochene in der 8. *Ecloge* ist wohl ebenfalls Octavian[54] und nicht etwa Asinius Pollio, wie bisweilen vermutet wird. Da zudem in der zitierten Passage nicht allein von der 8. *Ecloge*, sondern vielmehr von *carmina* die Rede ist, scheint hier die vollständige Gedichtsammlung gemeint zu sein, und es ist wohl nicht vorstellbar, daß diese Worte zuerst auf Pollio gemünzt waren – einen Adlaten des Antonius um das Jahr 40 – und erst später auf Octavian bezogen wurden,[55] auf den manches andere in den *Eclogen* deutet (etwa der *iuvenis* und *deus* der 1. *Ecloge* und, wie oben zu sehen war, der *puer* der 4. *Ecloge*). War also Octavian nicht allein Adressat, sondern auch Auftraggeber der Sammlung, hätte es wohl einen massiven Affront gegen diesen dargestellt, wenn der Dichter im fertigen Produkt auf die „dunklen Seiten" seiner frühen Karriere angespielt hätte, ohne daß dies ein Teil des Auftrags war oder wenigstens vom Initiator noch vor der Veröffentlichung sanktioniert wurde.[56]

---

[54] So zuerst Bowersock, *Date* S. 78-80 und *Addressee*, der die Erwähnung einer erfolgreichen Expedition des in der 8. *Ecloge* Angesprochenen gegen die Illyrer (8,6-7) auf die Feldzüge Octavians (ab dem Jahre 35) bezog. Vgl. auch Schmidt, *Chronologie* S. 9-14.

[55] Wenn überdies die Annahme im Raum steht, daß die Sammlung der *Bucolica* erst um 28/27 – nach den Siegen Octavians bei Actium und Alexandria – veröffentlicht wurde, wäre von vornherein ein Bezug der 8. *Ecloge* und speziell der Wendung *a te principium, tibi desinam* auf Pollio kaum mehr denkbar. Vgl. Kap. 2.

[56] Daß Vergil mit seiner ambivalenten Darstellung die Absicht des Auftraggebers strapaziert haben könnte, deutet der Dichter möglicherweise in den *Georgica* (4,563-6) selbst an. Denn er vermerkt dort, daß er bei der Abfassung seiner *Bucolica* aufgrund seiner Jugend wagemutig (*audaxque iuventa*) gewesen sei, und zitiert wie zur Illustration den Beginn der 1. *Ecloge*: *Tityre, te patulae cecini sub tegmine fagi*. Mit den *Bucolica*, speziell aber mit der 1. *Ecloge*, muß Vergil demnach Themen behandelt haben, die vom römischen Publikum als „gewagt" empfunden wurden. Wenn ein römischer Mann im Alter von ca. 20 bis 45 als *iuvenis* galt, hätte sich Vergil auch zu Beginn der 20er Jahre als „Jugendlicher" bezeichnen können (bei einem Geburtsdatum 70 v. Chr. war Vergil im Jahr 28 etwa 42 Jahre alt). Andererseits scheint der „Wagemut" gleichzeitig ein literarischer Topos zu sein: Vgl.

Gewöhnlich werden nun die 1. und die 9. *Ecloge* als direkte Reaktionen auf die Maßnahmen der Jahre 42/41 verstanden, als norditalisches Bauernland konfisziert wurde. Zumeist wird hierbei aufgrund diverser Indizien angenommen, daß die 9. *Ecloge* vor der 1. entstanden ist.[57] Hierbei ist indes einzugestehen, daß der Zeitraum 42/41 lediglich einen *Terminus post quem* für die Abfassung liefert und die Prioritätsfrage wohl nicht zufriedenstellend geklärt werden kann. Denn zum einen ist nicht einzusehen, daß beide Gedichte *„spontaneous reactions to the events"* sein müssen.[58] Zum anderen ist unbeweisbar, daß Vergil in der 9. *Ecloge* (mit der bloßen Klage über den Verlust des Besitzes) eine Situation skizzierte, die der der 1. *Ecloge* (mit dem *otium* des Tityrus aufgrund der Tatsache, daß er durch die Intervention des *iuvenis* seine Habe behalten durfte) inhaltlich oder „historisch" vorausging.[59] Im übrigen wird der Leser ja – wenn er die Sammlung in der überlieferten Reihenfolge liest – in die entgegengesetzte Richtung gelenkt, indem er die viel optimistischer stimmende 1. *Ecloge* v o r der 9. lesen muß.[60] Folgt man aber dem traditionell angenommenen Publikationsdatum beider *Eclogen*, so stellt sich die Frage, welchen Sinn es um das Jahr 40 oder in den Folgejahren für Octavian machen konnte, die

Horaz, Epist. 2,2,49-52, der nach Philippi den Wagemut, Gedichte zu schreiben, durch *paupertas* gewinnt: *et laris et fundi paupertas inpulit audax ut versus facerem.*

[57] Clausen, *Commentary* S. 266. Schmidt, *Chronologie* S. 27. Jachmann, *Technik* S. 319 vor dem Hintergrund der Annahme, hinter Tityrus verberge sich der Dichter: *„der gerettete Vergil fällt naturgemäß später als der bedrohte oder beraubte"*. Vgl. Saint-Denis, *Virgile* S. 6-7.

[58] So Wagenvoort, *Eclogues* S. 265.

[59] Vgl. das *monitum* von Segal, *Tamen* S. 258: *„it is perhaps more fruitful and more in accord with Vergil's poetic intention to regard the poems as parallel in theme rather than sequential in time"*.

[60] Vgl. Herrmann, *masques* S. 11 (*„ceux-là même qui considèrent la Ire Bucolique comme ayant trait aux mésavantures de Virgile admettent qu'il ne s'y agit pas d'une restitution mais seulement d'un maintien en possession, ce qui la date d'avant la IXe Bucolique"*), 14-5 und 174. Diese Reihenfolge vertritt auch Wagenvoort, *Ecloga* S. 157-8. Vgl. Waltz, *Bucolique* S. 57. Herrmann nimmt in diesem Zusammenhang an, daß die 1. *Ecloge* (um 42-41) deutlich vor der 9. (Ende 39-Anfang 38) verfaßt wurde.

negativen Seiten seiner eigenen Politik hervorheben zu lassen, als ob Octavian durch den Dichter Selbstkritik üben wollte. In einer Zeit, in der sich der Antagonismus zwischen den Repräsentanten der Caesarianer bereits längst abgezeichnet hatte[61] und der Kampf um die öffentliche Meinung in vollem Gange war,[62] wäre dies wohl höchst kontraproduktiv gewesen. Denn abgesehen davon, daß die Zeichnung Octavians als eines Retters ihre Wirkung verfehlt haben dürfte, hätte es wie ein Schuldeingeständnis gewirkt, das Leid der durch die Triumvirn selbst geschädigten italischen Landbevölkerung – und auch das Mitleid – dichterisch zu thematisieren. Ein solches Vorgehen war überaus gefährlich, denn es mußte den Republikanern wie ein willkommenes Propaganda-Geschenk vorkommen, das wohl nicht allein gegen die Machthaber als Gruppe, sondern speziell gegen Octavian als Organisator der Konfiskationen selbst gerichtet werden konnte, und dies muß dem Auftraggeber der *Bucolica* trotz der Schönung der eigenen Person klar gewesen sein. Solange er in einem politischen Konkurrenzverhältnis zu Antonius stand und seit der Mitte der 30er Jahre alles auf eine neue militärische Konfrontation hinauslief, muß Octavian zudem gewußt haben, daß neue Landzuweisungen an seine Soldaten unvermeidlich sein würden. Auf die Veteranen wiederum mußte Vergils Zeichnung der Soldaten als rohe Barbaren (Ecl. 1,70-1) befremdlich wirken, zumal sie auch suggeriert, Octavian bedaure es, seine eigenen Getreuen für ihre Dienste belohnt zu haben. Kurzum: wären beide *Eclogen* in der 1. Hälfte oder Mitte der 30er Jahre publiziert worden, hätte Octavian ein für sich und seine Sache äußerst riskantes Spiel getrieben.

Wann aber konnte es Octavian wagen, mit einer derartigen Problematik an die Öffentlichkeit zu treten, ohne daß sie ihm zum Verhängnis hätte werden müssen? Hierfür käme wohl al-

---

[61] Die Feindschaft zwischen Octavian und Marc Anton kam bereits im Jahre 44 offen zutage, bald nach Caesars Tod: Appian, Civ. 3,21/77-9 (Erwartung, daß eine Auseinandersetzung zwischen beiden Politikern bevorstehe). 3,22/81. 3,28/105-29/112. 3,39/156-63.

[62] Vgl. Appian, Civ. 5,19/76 (Antonius' Gattin Fulvia versucht 41, das Ansehen Octavians bei den Soldaten in Italien zu untergraben).

lein die Zeit nach dem Sieg über Antonius bei Actium und Alexandrien in Frage, als seine dominierende Position im römischen Staat soweit gefestigt und abgesichert war, daß er sich mäßig selbstkritische Töne erlauben konnte. Zudem überwogen gegen Ende des Jahres 30 *summa summarum* seine Verdienste um den Staat (Beendigung der Bürgerkriege, außenpolitische Erfolge in Illyrien und Ägypten), so daß auch aus diesem Grunde eine Aufarbeitung der jüngeren Vergangenheit mitsamt ihrer dunklen Facetten angegangen werden konnte, ohne daß dem neuen Machthaber massiver Schaden erwachsen mußte. Überdies waren nunmehr, wohl bald nach dem Jahre 30,[63] die belastendsten Maßnahmen der Landverteilung in Italien weitgehend abgeschlossen,[64] so daß seitens des neuen Regimes überhaupt erst jetzt daran gedacht werden konnte, eine literarisch-propagandistische Auseinandersetzung mit dem Geschehenen in Angriff zu nehmen. Zu diesen Erwägungen paßt, daß Octavian im Jahre 28 in einem Erlaß alle unrechtmäßigen Anordnungen der Triumviratszeit außer Kraft setzte (Dio 53,2,5), wodurch er anerkannte, *„daß sein bisheriges Handeln zumindest teilweise ungesetzlich war“*.[65] So deuten unsere Überlegungen im Falle

---

[63] Augustus, R.G. 16 bezeugt die Assignation von Ackerland an die Veteranen im Jahre 30 (*in consulatu meo quarto*). Im Frühjahr desselben Jahres hatte er sich wegen der Unzufriedenheit der Veteranen von Griechenland aus nach Brundisium begeben, um die Landverteilungen selbst zu regeln (Dio 51,4. Vgl. Sueton, Aug. 17,3).

[64] Italien blieb nach den Konfiskationen, die der Schlacht von Actium folgten (bei denen in der Transpadana etwa die Gegend von Brixia sowie größere Gebiete in Mittelitalien betroffen waren, vgl. hierzu Keppie, *Colonisation* S. 78 Fig. 6. Chouquer/Clavel-Lévêque/Favory/Vallat, *Structures* S. 252-4), weitgehend von belastenden Maßnahmen verschont, wenngleich *„we may suspect that a number of small settlements took place in Italy after 30 B.C., many of them as yet undetected, and in various years“* (Keppie S. 86). Die Unterwerfung der Salassi, in deren Gebiet um 26/25 die *colonia* Augusta Praetoria angelegt wurde (jetzt: Aosta), hat nichts mit den Bürgerkriegen zu tun. Veteranen scheinen in Italien sonst vor allem zur Ergänzung der Bevölkerung angesiedelt worden zu sein. Augustus hat sich bemüht, auf seine großangelegte Leistung von Ausgleichszahlungen an die geschädigten Municipien nach Actium zu verweisen (R. G. 16). Vgl. Keppie S. 82-6.

[65] Kienast, *Augustus* S. 82-3. Vgl. Tacitus, Ann. 3,28.

der 1. und 9. *Ecloge* in dieselbe Richtung wie im Falle der 4. *Ecloge* (s.o.): Beide Gedichte wären nicht nur leichter zu interpretieren, sondern würden konzeptionell überhaupt erst verständlich werden, wenn man ihre Veröffentlichung in die Zeit nach 31/30 setzt.

Wenn nun die 4. *Ecloge* ein Produkt der 20er Jahre ist und das *vaticinium* des Goldenen Zeitalters vom Consulatsjahr des Pollio auf den Principat des Octavian-Augustus deutet, müssen wir fragen, ob auch die (unserer Auffassung zufolge nach Actium veröffentlichten) *Eclogen* 1 und 9 nicht nur auf die Bewältigung von Vergangenem (nach vielleicht mehr als zehn Jahren!) abzielen, sondern ob möglicherweise eine Aktualität und Relevanz ihres Inhalts auch für die Publikationszeit besteht. Ein solches „Bindeglied“ zwischen den späten 40er Jahren und den frühen 20er Jahren liegt, wie ich meine, in der recht unvermittelten Betonung der *libertas*, deren Erlangung den Tityrus so dankbar gegenüber seinem Retter sein läßt (vgl. Ecl. 1,27 und 1,40: *servitio ... exire*). Der hier bezeugte Anspruch Octavians, die Freiheit zu bringen, spielte zwar schon in der Propaganda der 40er Jahre eine große Rolle.[66] Inwieweit die Thematisierung des Libertas-Motivs durch Octavian in den Jahren 39-35, dem traditionell angenommenen Publikationsdatum der *Eclogen* und der Periode vor dem Ausbruch offener Feindseligkeiten mit Antonius, öffentliche Wirksamkeit entfalten konnte, müssen wir jedoch offen lassen. Wichtig ist hierbei indes, daß es von Octavian auch in der gegen Antonius und Cleopatra gerichteten Propaganda gegen Ende der 30er Jahre aufgegriffen wurde. In den *Fasti* heißt es im Hinblick auf den Sieg von Alexandria (1. August 30): *Imp. Caesar Divi f. rem public(am) tristissim[o]*

[66] Die von Octavian verfochtene Freiheit nimmt bereits in den *Res Gestae* des späteren Augustus eine prominente Stelle am Anfang des Textes ein im Hinblick auf die Zeit unmittelbar nach Caesars Ermordung (§1): *annos undeviginti natus exercitum ... comparavi, per quem rem publicam a dominatione factionis oppressam in libertatem vindicavi.* Auch Cicero hatte Octavian schon im Jahre 44 mit dem Thema der „Freiheit“ in Verbindung gebracht (Phil. 3,5): *privato consilio rem publicam ... Caesar liberavit.* Zudem scheint Octavian nach 41 darauf gedrängt zu haben, daß gerade die Gallia Cisalpina „befreit“ werden solle (Appian, Civ. 5,22/87, s.o.).

periculo liberat.[67] Auch in der Münzprägung wurde die wiedererlangte Freiheit verbreitet: Im Jahre 28 wurden in Asia Cistophori mit der Obvers-Legende IMP · CAESAR · DIVI · F · COS · VI · LIBERTATIS · P · R · VINDEX geprägt,[68] deren „apollinische" Bildelemente offenbar einen bewußten Kontrast zum „dionysischen" Erscheinungsbild des Antonius darstellen sollten.[69] Gleichzeitig und wohl ebenfalls in Asia entstand im übrigen ein kürzlich bekanntgewordener Aureus mit der Revers-Legende LEGES · ET · IVRA · P · R · RESTITVIT,[70] mit der wohl die „Wiederherstellung" der alten *Res Publica* durch die verfassungsrechtlichen Maßnahmen Octavians in den Jahren 28 und 27 gefeiert wird, zu denen das bereits angesprochene Edikt gehört, mit dem die unrechtmäßigen Beschlüsse der Triumviratszeit annulliert wurden.[71] So könnte der von Tityrus zur Sprache gebrachte Aspekt der vom *iuvenis* bewirkten *libertas*, der so wenig mit dem von Meliboeus thematisierten Verlust des Landes zu tun hat, durchaus auch vor dem Hinter-

---

[67] So in den Fasti Amiternini, vgl. Inscriptiones Italiae 13,2 S. 489.

[68] Mattingly/Sydenham, *Coinage* S. 60 Nr. 10.

[69] Mannsperger, *Apollon* S. 398-400. Vgl. Albert, *Bild* S. 138. Simon, *Selbstdarstellung* S. 40-3.

[70] Rich/Williams, *Leges* S. 169 mit Abb. 1 (Plate 20). Botrè/Hurter, *Transition* S. 42 vermuten, die Münzen seien eingezogen worden, weil die Legende in der Öffentlichkeit für *„acute embarrassment"* gesorgt hätte.

[71] Vgl. Rich/Williams, *Leges* (etwa S. 198 und 212). Tacitus, Ann. 3,28. Dio 53,2,5. Nach Rich und Williams bezieht sich auch die Wendung LIBERTATIS · P · R · VINDEX auf den Cistophori von 28 auf diese „verfassungspolitischen" Ereignisse (im Anschluß an Mommsen, *Res Gestae* S. 145-9: *„de reddita re publica"*). Doch dies ist wegen des inschriftlichen Zeugnisses der Fasti, in denen der Sieg über Antonius als Befreiung gewertet wird, nicht unproblematisch, so daß weiterhin primär an einen Bezug auf den Sieg über Antonius und Cleopatra zu denken ist: Wirszubski, *Libertas* S. 100-6 (*„this legend refers to the victory at Actium"*, wenngleich das Schlagwort *vindex libertatis* sinnentleert sei). Vgl. Syme, *Revolution* S. 306. Albert, *Bild* S. 137-8. Bellen, *AEGVPTO* S. 40-2. Kienast, *Augustus* S. 214. Girardet, *Edikt* S. 236-7 (*„Bezug auf die Ereignisse der Jahre 31/30"*). An bewußt in Kauf genommene Vieldeutigkeit denkt Scheer, *Vindex* S. 187, der hier zudem eine Anspielung auf die Aufgaben des Volkstribuns herausliest. Vgl. Welwei, *Augustus* S. 40-1.

grund der Rolle als *vindex libertatis* zu verstehen sein, die von Octavian insbesondere nach dem Sieg über Antonius und Cleopatra beansprucht und öffentlich verbreitet wurde.

Folgte man diesen Überlegungen, so könnten hinter der Nennung der Gebiete, die die von ihrer Scholle vertriebenen Römer nach Angabe des Meliboeus in Ecl. 1,64-6 aufsuchen werden, mehr als nur die vier Himmelsrichtungen stehen: *at nos hinc alii sitientis ibimus Afros, pars Scythiam et rapidum cretae veniemus Oaxen et penitus toto divisos orbe Britannos*. Man hat hier bereits Ziele römischer Außenpolitik erkannt,[72] und in der Tat gibt es erstaunliche Parallelen dieser „Prophezeiung" des Meliboeus, die auf eine Hyperbel des Tityrus antwortet (1,59-63), mit den Schauplätzen äußerer Erfolge der frühen Prinzipatszeit: Mit den Britanniern, die bereits im Jahre 35 Objekt militärischer Planungen waren,[73] verhandelte Augustus in den Jahren 27/26,[74] und die Parther, die sicher hinter der Bezeichnung *Oaxes* stehen[75] und die zuvor auch namentlich genannt werden (1,62), waren nicht nur in den 30er Jahren, sondern auch ab 30 und erneut ab etwa 27 im Blickfeld römischen Interesses. Mit dem Terminus *Scythia* können allgemein die Feldzüge des Crassus gegen die Balkan-Völker von 29 und 28 gemeint sein.[76] Im Falle der *Afri* wiederum mag ein Zusammenhang mit den africanischen Erfolgen im Vorfeld der Jahre 33 (L. Cornificius) oder 28 (Proconsul L. Autronius Paetus) bestehen, die durch die inschriftlichen Fa-

---

72 Meyer, *Außenpolitik* S. 18-9. Vgl. Hartke, *Kinderkaiser* S. 368 („*offenbar nach den vier Himmelsrichtungen ... gewählt*") und 372-3. Du Quesnay, *First Eclogue* S. 137 zu Ecl. 1,59-63. Andererseits ist vermutet worden, daß Vergil hier auf eine tatsächlich stattgefundene Auswanderungsbewegung (in frühaugusteischer Zeit) anspielt, vgl. Frank, *Eclogue*. Dagegen zurückhaltend Gabba, *War* S. 142.

73 Dio 49,38 (für 35-34).

74 Dio 53,22,5 und 53,25,2.

75 Vgl. Servius, Ecl. 1,65: *nam Oaxes fluvius Mesopotamiae, qui rapiens velocitate sua albam terram turbulentus efficitur. vel Oaxes fluvius Scythiae.* Gemeint ist vielleicht der Araxes (in Armenien) oder der Oxus (im Ostiran). Clausen, *Commentary* S. 56. Bei Xenophon, Anabasis 1,4,19 heißt auch ein mesopotamischer Nebenfluß des Euphrat Araxes.

76 Vgl. Dio 51,23-7.

sti bekannt sind.[77] Träfe die Vermutung zu, daß Vergil hier sehr verhalten auf bereits vollbrachte Feldzüge oder andere äußere Erfolge der Jahre bis etwa 27/26 anspielt, käme man dem aus der 4. *Ecloge* hypothetisch erschlossenen Datum für die Publikation der *Bucolica* sehr nahe.[78]

Vor dem Hintergrund einer möglichen Veröffentlichung nach dem Jahre 30 würde auch die Verehrung des *iuvenis* Octavian als *deus* eine andere Nuance erhalten. Denn in der Zwischenzeit war durch die Verleihung der tribunizischen *sacrosanctitas* (im Jahre 36) ein wichtiger Schritt hin zu einer sakralen Erhöhung des *divi filius* eingeleitet worden,[79] und in manchen italischen Städten wurde er zudem als Schutzgott verehrt.[80] Im Jahre 30 wurde schließlich in Rom nicht nur beschlossen, daß die alljährliche Feier seines Geburtstages als Dankfest begangen und sein

---

[77] Inscriptiones Italiae 13,1 S. 570, zum Jahre 33 nach den Fasti Barb.: *L. Cornificius ex Africa III non. Dec. triumphav<i>t.* Wohl zum Jahre 28 nach den Fasti Capitol. triumph. (und Fasti Barb.) *L. Autronius P. f. L. n. Paetus pro co(n)s(ule) ex Africa XVII k. Septemb[r.] an. ĐCC[XXV].*

[78] Haben wir mit der Nennung der Britannier und Parther zwei Fälle vor uns, wo ein bislang noch nicht erlangter Erfolg des Kaisers antizipiert wird? Dies wäre für einen Dichter riskant, falls das Unternehmen fehlschlägt. Gleichzeitig ist aber diese Meliboeus-Vision so allgemein gehalten, daß sie den *princeps* nicht kompromittieren mußte, da Octavian nicht persönlich genannt wird und zudem noch nicht einmal ausdrücklich von militärischen Aktivitäten die Rede ist. Andererseits bietet im Hinblick auf die Britannier vielleicht eine Nachricht Dios die Lösung für dieses Problem, denn für das Jahr 27 berichtet dieser, daß Augustus sogar einen Kriegszug gegen die Britannier unternehmen wollte, aber bereits im Vorfeld den Eindruck hatte, sie wollten mit ihm in Verhandlungen eintreten (53,22,5). So könnte Augustus selbst bereits vor seinem Aufbruch aus Rom in der 2. Jahreshälfte 27 davon ausgegangen sein, daß seine Britannien-Expedition zu einem Abkommen führt und dadurch zu einem außenpolitischen Erfolg wird. Im Falle der Parther stellte sich ein zunächst entscheidend wirkender Erfolg spätestens zu Beginn des Jahres 26 mit der Installierung des romfreundlichen Königs Tiridates in den mesopotamischen Kerngebieten des Partherreiches tatsächlich ein, ohne daß jedoch in dieser Zeit absehbar gewesen sein kann, daß er um 25 seinen Thron wieder einbüßte und fliehen mußte.

[79] Dio 49,15,5-6. Vgl. Kienast, *Augustus* S. 217. Clausen, *Commentary* S. 48-9.

[80] Appian, Civ. 5,132/546. Vgl. Clausen, *Date* S. 202-4.

Name auch in die Gebete der Priester für Senat und Volk einbezogen werden sollte, sondern dem jungen Caesar sollte bei öffentlichen und privaten Gastmählern ein Opfer in Form einer Trankspende dargebracht werden.[81] Liegt vielleicht mit der von Theocrit inspirierten[82] Wendung *illius aram saepe tener nostris ab ovilibus imbuet agnus* (Ecl. 1,7-8) ein Bezug auf die durch das *senatusconsultum* des Jahres 30 vorgeschriebenen Opfer vor?

Die historische Situation nach dem September 30, speziell die um das Jahr 27, würde demnach ein durchaus bedenkenswertes Datum für die Erstpublikation (und wohl auch für die Entstehung) der beiden Konfiskations-*Eclogen* abgeben.

Unter diesen Umständen wäre anzunehmen, daß der künstlerische Auftrag Octavians an Vergil in der Aufarbeitung seiner historischen Rolle in den 40er und 30er Jahren (1. und 9. *Ecloge*) in Verbindung mit einer Verkündung einer anbrechenden Heilszeit unter seinem Regiment (4. *Ecloge*) bestand. Gleichzeitig wäre die Erwähnung der in Rom erlangten Freilassung und der Hilfe des *deus* wohl folgendermaßen zu verstehen: derjenige, der sich wie viele andere (vgl. den Plural 1,45: *pueri*) Octavian anschließt, wird mit dem *otium* eines friedlichen Lebens belohnt, wie es Tityrus genießen darf, und mit der bürgerlichen „Freiheit" (der wiederhergestellten *res publica*). Die überschwängliche Begeisterung des Tityrus über die Hilfe mag im übrigen der Grund für die Vermischung der Themen „Freiheit" und „Konfiskation" in der 1. *Ecloge* sein. Daß gerade das Gebiet von Cremona und Mantua genannt wird (9,27-8), könnte biographische Gründe haben,[83] doch würde die Wahl des Schauplatzes ideal zur These Keppies passen, daß hier Soldaten des Antonius angesiedelt wurden,[84] vielleicht gar durch dessen

---

[81] Vgl. Dio 51,19: *ἐν τοῖς συσσιτίοις οὐχ ὅτι τοῖς κοινοῖς ἀλλὰ καὶ τοῖς ἰδίοις πάντας αὐτῷ σπένδειν ἐκέλευσαν.*

[82] Theocrit, Epigr. 1 v. 5: *βωμὸν δ' αἱμαξεῖ κεραὸς τράγος οὗτος ὁ μᾶλος.*

[83] Vgl. auch das erneute kurze Aufgreifen des Themas in den *Georgica* 2,198: *qualem infelix amisit Mantua campum.*

[84] S.o. Keppie, *Vergil* S. 369 und *Colonisation* S. 67.

Siedlungsbeauftragte! So konnte Vergil aus der Perspektive der Landleute den römischen *miles* mit den Termini *impius* und sogar *barbarus* verbinden (1,70-1) – hinter denen freilich niemand anderes als Antonius zu vermuten ist[85] – und von einem entstandenen *scelus* (9,17) reden, gleichzeitig aber wie in einem rettenden Gegenbild durch die Erwähnung der Epiphanie des *Caesaris astrum* (9,47) oder des jugendlichen Gottes, an den Petitionen gerichtet werden können, dezent auf Octavian verweisen, ohne seine historische Schuld zu thematisieren. In der 1. und 9. *Ecloge* ist somit wohl ein Vorgeschmack auf die goldene Zeit spürbar, deren Anbruch in der 4. *Ecloge* mit der Geburt des Knaben – dem Regiment Octavians nach Actium – „vorausgesagt" wird.

[85] Vgl. die Zeichnung des Heeres des Antonius und der Cleopatra bei Actium durch Vergil in der *Aeneis* (8,685-706) als orientalisch.

4. Aethiopische Schafe in Vergils zehnter *Ecloge*

Im Abschlußgedicht der *Eclogen*-Sammlung besingt Vergil die unerfüllte Liebe des Dichters Cornelius Gallus zu Lycoris. Gallus befindet sich in arcadischen Gefilden und trauert seiner Geliebten nach, die mit einem Rivalen fortgezogen ist. Von den Bäumen, Tieren, Hirten und Göttern bemitleidet, wird sich Gallus nach längerem Zaudern dessen bewußt, daß er von Amor endgültig besiegt worden ist: *nos cedamus Amori* (10,69).

Eingangs war bereits die Rede von der Annahme C. Schapers, daß die 10. *Ecloge* erst nach dem Tode des dort genannten Cornelius Gallus geschrieben sein könne, ein Ereignis, das entweder in das Jahr 27 (so Hieronymus, zu Ol. 188) oder das Jahr 26 v. Chr. (so Dio 53,23,5-24,1) fällt.[1] Gallus, der erste römische Präfekt Ägyptens, war wegen respektloser Äußerungen gegenüber dem *princeps* und anderer Handlungen angeklagt worden, fiel bei Augustus in Ungnade und schied durch Selbstmord aus dem Leben, noch bevor ein Gerichtsurteil erging.[2]

---

[1] Syme, *Revolution* S. 309-10 datiert die Rückkehr des Gallus aus Ägypten mit Vorsicht in das Jahr 28, seinen Selbstmord in das Jahr 27. Gallus dürfte indes nach Dio noch 27 in seinem Amt im Zusammenhang mit der von Augustus durchgeführten Ordnung der Provinzialverwaltung bestätigt worden sein (Dio 53,13,2 mit Geraci, *Genesi* S. 169-70). Im übrigen gibt es keinen zwingenden Grund, den Amtsantritt seines Nachfolgers Aelius Gallus noch in das Jahr 27 zu verlegen (wie z.B. Daly, *Affair* S. 299 denkt). Vgl. Raaflaub/Samons, *Opposition* S. 423-5. Manuwald, *Cassius Dio* S. 111-3.

[2] Sueton, Aug. 66. Dio 53,23,5 weiß zudem, daß Gallus zum Mißfallen des *princeps εἰκόνας ἑαυτοῦ ἐν ὅλῃ ὡς εἰπεῖν τῇ Αἰγύπτῳ ἔστησε.* Eine Anspielung auf seinen Hochmut findet sich möglicherweise bei Horaz, C. 3,30 (so Gibson, *Horace*). Vgl. auch Grimm, *Antonius* S. 167-70 (Zuordnung eines in ptolemäischer Tradition stehenden und in Toronto aufbewahrten Siegelabdrucks aus Edfu mit dem Bild eines Mannes sowie eines überlebensgroßen Bildnisses aus Cleveland zur Person des Gallus). Ovid, Trist. 2,446 weiß, daß nicht etwa seine Liebesdichtung den Gallus zu Fall gebracht habe, sondern freizügige Rede nach übermäßigem Weingenuß: *Non fuit opprobrio celebrasse Lycorida Gallo, sed linguam nimio non tenuisse mero.* Nach den wichtigen Beobachtungen von Wilcken, *Inschrift* S. 76 und 78-80 sowie Bresciani, *rilettura* S. 94-5 und *stele* S. 100-2 zur ägyptischen Version der Trilingue des Gallus von Philae ist der ursprünglich abgebildete und durch

Schaper machte geltend, daß das Motiv für die Abfassung der 10. *Ecloge* Vergils *„Sehnsucht nach dem verlorenen Freunde“* gewesen sei.[3] Eine solche Annahme erscheint mir grundsätzlich zweifelhaft. Sueton-Donat bezeugt allenfalls: *decima desiderium Galli circa Volum[i]n<i>am Cytheridem, et dicitur „Gallus“*.[4] Die 10. *Ecloge*, die *meo Gallo* (10,2) mit soviel Sympathie ein Denkmal setzt, hätte wohl in der vorliegenden Form kurz nach seinem Selbstmord nicht entstehen können. Sueton berichtet freilich (Aug. 66), daß Augustus einerseits *Gallo ... ad necem conpulso ... inlacrimavit et vicem suam conquestus est, quod sibi soli non liceret amicis, quatenus vellet, irasci*, andererseits aber die Ankläger für ihre dem *princeps* gegenüber gezeigte *pietas* lobte. Für eine völlige posthume Rehabilitation des ehemaligen Präfekten spricht dies somit nicht. Gleichzeitig hat es wohl keine *damnatio memoriae* gegeben, wenn auch Sueton dies anzudeuten scheint.[5] Denn der Name Gallus taucht auch nach 26 in der Literatur in einem positiven

---

das Auseinandersägen des Steins „verschwundene“ Reiter mit Gallus selbst zu identifizieren, im anschließenden Text scheint sein Name im *„cartiglio nella didascalia“* gestanden zu haben – entgegen neuerer Annahmen (Boucher, *Cornélius* S. 44-5. Vgl. Daly, *Affair* S. 295-6. Geraci, *Genesi* S. 168-9) vielleicht tatsächlich ein *„esempio appariscente“* (Bresciani) für das überhöhte Selbstverständnis des Gallus (Eide/Hägg/Pierce/Török, *Fontes* S. 692 und 699-700), das ihm später den Entzug der Gunst des Kaisers brachte. L'Année Épigraphique 1997 Nr. 1569. Die Nachricht bei Servius, Ecl. 10,1, daß Gallus in den Verdacht geraten sei, eine Verschwörung gegen Augustus angezettelt zu haben, *„wirkt ... unglaubwürdig“* (Gall, *Technik* S. 146. Raaflaub/Samons, *Opposition* S. 424: *„there is no hint of treason or conspiracy“*. Dettenhofer, *Herrschaft* S. 93-4). Ob sich der in POxy 2820 fragmentarisch überlieferte Bericht über einen beabsichtigten Abfall eines ägyptischen Amtsträgers auf Cornelius Gallus bezieht, bleibt unsicher. Vgl. Geraci, *Genesi* S. 173.

3 Schaper, *Entstehungszeit* S. 772.

4 VSD §68.

5 Sueton, De Grammaticis et Rhetoribus 16: *post deinde damnationem mortemque Galli*. Eisenhut, *damnatio* S. 117-20 (*„neuzeitliche Hypothese“*). Gall, *Technik* S. 147-8. Vgl. allerdings die (hypothetische) Rekonstruktion der Inschrift L'Année Épigraphique 1996 Nr. 97. Di Stefano Manzella, *Augusto* S. 48 und 56-8. Boucher, *Cornélius* S. 56-7.

Kontext auf, etwa bei Ovid.[6] Doch selbst wenn Gallus nicht der *damnatio* verfiel, mußte jedes übermäßige Lob für ihn (und die Benennung der 10. *Ecloge* nach ihm) unmittelbar nach seinem Tode ein Vorwurf an Augustus sein. So kommt gerade die *„die Situation des Jahres 26 v. Chr., nach dem Selbstmord des Gallus"* (S. Koster)[7] am wenigsten für die Abfassung in Frage.

Überhaupt scheint aus der Stimmung des Gedichts nicht hervorzugehen, daß Gallus bereits tot war, als Vergil schrieb.[8] Wenn das Bild des Todes auftaucht, so ist dies übertragen zu verstehen (etwa in Ecl. 10,10 *indigno cum Gallus amore peribat*),[9] oder aber der Tod des Gallus wird von Vergil als zukünftiges Ereignis beschrieben (10,33-4: *o mihi tum quam molliter ossa quiescant, vestra meos olim si fistula dicat amores*). Mehr noch: es wird deutlich, daß sich Vergil um die Anerkennung des Dichterfreundes bemüht (10,72-4). Wie makaber und wie peinlich für Augustus klängen diese Verse, wären sie nach dem Tod des gestürzten Präfekten geschrieben: *Pierides, vos haec facietis maxima Gallo, Gallo, cuius amor tantum mihi crescit in horas quantum vere novo viridis se subicit alnus.* Kaum kann daher die 10. *Ecloge* nach 26 verfaßt worden sein[10] – Gallus lebt. Zudem befindet sich Gallus, als er seine *sollicitos ... amores* (10,6) in arcadischer Umgebung beweint, gleichzeitig im K r i e g: *nunc insanus amor duri me Martis in armis tela inter media atque*

---

6 Ovid, Am. 1,15,29-30: *Gallus et Hesperiis et Gallus notus Eois, et sua cum Gallo nota Lycoris erit.* Vgl. auch Properz 2,34,91-2 und den Papyrus-Fund von Qasr Ibrîm in Nubien (*PQasrIbrîm inv.* 78-3-11/1 [LI/2]. Editio princeps des Textes bei Anderson/Parsons/Nisbet, *Elegiacs*. Vgl. Blänsdorf, *Fragmenta* S. 257-8 Fr. 2-5), der – wenn die Zuordnung zu Gallus zutrifft – bezeugt, daß seine Gedichte kursierten, wobei allerdings unklar bleibt, wann (nach dem Feldzug des Gallus von 29, s.u.) der Text dort deponiert wurde. Vgl. Luther, *Templa*.

7 Koster, *Tod* S. 104.

8 Vgl. unter den jüngeren Arbeiten Perkell, *Gallus* S. 131.

9 Vgl. Coleman, *Vergil* S. 277 (*„the conventional metaphor of the lover's condition"*). Flach, *Abfassungszeit* S. 795 (*„scherzhaft"*).

10 Vgl. Coleiro, *Introduction* S. 269.

adversos detinet hostis (10,44-5).[11] Aufschlußreich ist in diesem Zusammenhang auch ein Blick auf das Finale des Gedichts. Nachdem Gallus sein Schicksal ausgiebig beklagt hat, endet die Rede mit einer Mischung aus Resignation und Überdruß. Vergil legt dem Gallus in Ecl. 10,62-3 folgende Worte in den Mund: *iam neque Hamadryades rursus nec carmina nobis ipsa placent, ipsae rursus concedite silvae!* Einerseits hat sich Gallus demnach, so will es Vergil, von seinem Leid im Hinblick auf die geliebte Lycoris und von der Liebesdichtung losgesagt, da er den von seinem Schmerz unbeeindruckten Gott Amor (10,28-30) nicht besiegen kann: *omnia vincit Amor: et nos cedamus Amori* (10,69). Andererseits ist jedoch offenbar ein weiterer Anlaß für seinen Sinneswandel seine gleichzeitige (10,44: *nunc*) Beteiligung an einem Feldzug.

Die 10. *Ecloge* wirft eine Reihe von inhaltlichen Problemen auf, von denen eines für die folgende Diskussion relevant ist: Es wirkt durchaus befremdlich, daß der als Verfasser von Liebeselegien bekannte Gallus[12] von Vergil in eine bukolische Sphäre versetzt wird, in die er nicht „hineingehört“: Vor seinem Eingeständnis, den Liebesgott nicht umstimmen zu können, versucht

---

[11] Ich beziehe *duri ... Martis* auf *armis* und nehme an, daß hier auf ein reales Kriegsgeschehen angespielt wird (vgl. *adversos ... hostis*!). So auch Leo, *Vergil* S. 18. Vgl. Boucher, *Cornélius* S. 90-1. Dehon, *cadre* S. 369. Anders in jüngerer Zeit etwa Viljamaa, *Gallus* S. 120. Courtney, *Poets* S. 269 („*his thoughts are with Lycoris, who has gone off with a soldier on active service*“). Rumpf, *labor* S. 139-41 (mit Anm. 120). Vgl. Putnam, *Art* S. 368-70. Skutsch, *Gallus* S. 160-4. Eine Übersicht über die verschiedenen Interpretationsmöglichkeiten liefert Coleman, *Vergil* S. 286-8. Unbegründet ist die Annahme Courtneys, bereits die Zeilen 44-5 seien eine Adaption von Gallus-Versen. Servius bezeugt *versus translati* erst für Ecl. 10,46 und schließt wahrscheinlich die unmittelbar folgenden Verse implizit mit ein (*hi autem omnes versus Galli sunt de ipsius translati carminibus*). Vgl. Wimmel, *Gallus* S. 236-7. Die Annahme, hier sei das Motiv der *militia amoris* aufgegriffen worden, läßt sich m.E. nicht belegen.

[12] Gallus scheint keine bukolischen Elegien verfaßt zu haben. Vielsagend sind Ecl. 10,16-7: *stant et oves circum. nostri nec paenitet illas, nec te paeniteat pecoris, divine poeta*. 10,35-6: *atque utinam ex vobis unus vestrique fuissem, aut custos gregis aut maturae vinitor uvae*. Vgl. Whitaker, *Elegies* S. 458: „*Gallus is not at home in the world of pastoral*“.

sich der Gallus Vergils immerhin kurz als Bukoliker (10,50-1: *ibo et Chalcidico quae sunt mihi condita versu carmina pastoris Siculi modulabor avena*) und durchstreift jagend den arcadischen Maenalus. Aus welchem Grund „bukolisiert" Vergil den Gallus? Ich meine, daß ein neuer Blick auf das Problem der Datierung der 10. *Ecloge* Aufschluß bieten kann.

Für die Entstehungszeit der 10. *Ecloge* sind folgende Aspekte entscheidend: Die einzigen historischen Kriege, bei denen eine Beteiligung des Gallus bezeugt ist, sind e r s t e n s der Ptolemäische Krieg, der im August 30 v. Chr. mit der Einnahme Alexandriens durch Octavian endete,[13] und z w e i t e n s ein kurzer Feldzug des mittlerweile zum *praefectus Aegypti* avancierten Gallus im April 29 v. Chr. in der oberägyptischen Thebais sowie in den angrenzenden Gebieten Aethiopiens.[14] Daß Gallus auch an anderen Kriegen teilnahm, ist keineswegs unwahrscheinlich, jedoch nicht zu belegen.[15] Wenn den Gallus *nunc insanus amor ... Martis in armis tela inter media atque adversos detinet hostis* (10,44-5) und zudem die Hypothese im Raum steht, die *Bucolica* in ihrer vorliegenden Gestalt könnten erst in den 20er Jahren publiziert worden sein, wäre die Annahme erwägenswert, daß Vergil diese Verse auf einen jener beiden Kriege bezogen haben könnte.

Ohne hier eine Rechnung mit Unbekannten aufstellen zu wollen, möchte ich vorschlagen, daß Vergil in der Tat an den Feldzug des *praefectus* vom Frühjahr 29 denkt. Denn möglicherweise findet sich ein versteckter Hinweis auf den Krieg in

---

[13] Dio 51,9,1-4. Plutarch, Ant. 79.

[14] IPhilae 128 = Eide/Hägg/Pierce/Török, *Fontes* Nr. 163-5 (vgl. Alföldy, *Obelisk* S. 97). Der Feldzug war (nach der ägyptischen Version der Trilingue von Philae) am 17. April 29 beendet. Er könnte Anlaß für die 7. imperatorische Akklamation Octavians gewesen sein (Badian, *„Crisis Theories"* S. 41).

[15] Jegliche Versuche, Ecl. 10,44-5 auf andere Kriege zu beziehen, bleiben daher reine Spekulation. Vgl. etwa Leo, *Vergil* S. 17-8 (Philippi). Manzoni, *poeta* S. 31 und 38-9 (*Bellum Perusinum*). Vgl. Morelli, *Gallo* S. 68 (*„Perché escludere l'ipotesi ... di un coinvolgimento di Gallo nella campagna contro Sesto Pompeo ..?"*).

Ecl. 10,64-9, in dem von Resignation gezeichneten Ende der Gallus-Rede. Dort heißt es über den Gott Amor:

> *Non illum nostri possunt mutare labores,*
> *nec si frigoribus mediis Hebrumque bibamus*
> *Sithoniasque nives hiemis subeamus aquosae,*
> *nec si, cum moriens alta liber aret in ulmo,*
> *Aethiopum versemus ovis sub sidere cancri.*
> *omnia vincit Amor: et nos cedamus Amori.*

In einer *„grotesken letzten Phantasie"*[16] sieht sich Gallus außerstande, den Willen des Gottes, der ihn von Lycoris trennt, zu überwinden, und weder hilft ihm seine bereits vollzogene Annäherung an die Bukolik (10,50-61), noch würde es ihm nützen, sich in extreme Lebenslagen zu bringen.[17] Seit langem ist bekannt, daß Vergil mit dem Bild des eisigen Hebrus in Thracien und der Hitze Aethiopiens fast wörtlich das Lied des Simichidas aus Theocrits „Erntefest" (*Idyll* 7) imitiert:[18] Hier wird Pan angesprochen, der dem Arat helfen soll, von seinem Geliebten erhört zu werden. Wenn Pan nicht helfe, solle er sich blutig kratzen oder auf Nesseln schlafen. Oder aber er solle mitten im Winter am Hebrus weilen oder im Sommer bei den Aethiopen als Hirtengott wirken.

Nun haben wir aber bereits gesehen, daß der historische C. Cornelius Gallus gegen die Aethiopier Krieg führte. Seine Aktivitäten sind uns näher bekannt, da Gallus seine Erfolge im April

---

[16] So Rumpf, *labor* S. 172.

[17] So die Ansicht der modernen Interpreten: der Anreiz der Theocrit-Adaption scheine für Vergil darin gelegen zu haben, daß in der Polarität zwischen Eiseskälte und Gluthitze das „Extreme", die Ausweglosigkeit der Situation des Gallus, angemessen zum Ausdruck kommt. Vgl. Rumpf, *labor* S. 166-73 (S. 171: *„Extremphantasie"*). Wimmel, *Gallus* S. 232. Kaufhold, *Look* S. 32. Das Zitat diene zudem der „Bukolisierung" des Liebeselegikers (so Dr. F. Felgentreu, pers. Mitteilung vom Februar 2001).

[18] Theocrit, Idyll 7,110-3 [111-4]: *εἴης δ' Ἠδωνῶν μὲν ἐν ὤρεσι χείματι μέσσῳ Ἕβρον πὰρ ποταμὸν τετραμμένον ἐγγύθεν ἄρκτω, ἐν δὲ θέρει πυμάτευσι παρ' Αἰθιόπεσσι νομεύοις, πέτρᾳ ὕπο Βλεμύων, ὅθεν οὐκέτι Νεῖλος ὁρατός.*

29 in einer dreisprachigen Inschrift auf der Insel Philae verewigt hat. Wir erfahren dort neben Anderem, daß Gallus sein Heer über den (ersten) Nilkatarakt (bei Syene, heute Assuan) nach Süden geführt hat, wohin noch niemals römische oder – wie er behauptet – ägyptische Heere gelangt seien.[19] Wenn Vergil den Gallus sagen läßt, er werde seine *labores* auch dann nicht abwenden, wenn er die Schafe der Aethiopen hüten würde, könnte in dieser Passage der 10. *Ecloge* eine versteckte Anspielung auf den Aethiopenfeldzug von 29 vorliegen, zumal es schwer fällt zu glauben, daß der historische Gallus die ihm von Vergil in den Mund gelegten Worte – zumindest was den Aufenthalt in Aethiopien angeht – im nachhinein selbst „erfüllt" hat. Beachtenswert ist hierbei zudem, daß mit der nicht von Theocrit übernommenen Wendung *sub sidere cancri* (Ecl. 10,68) sehr akkurat

---

[19] IPhilae 128, lat. Z. 5-8, nach der Lesung von Alföldy, *Obelisk* S. 97: *exercitu ultra Nili catarhacte[n transd]ucto, in quem locum neque popul[o] / Romano neque regibus Aegypti ar[ma s]unt prolata, (..).* Die Inschrift von Philae bezeugt als Ergebnis der Niederschlagung eines Aufstands in der Thebais durch den Präfekten einerseits enge freundschaftliche Kontakte Roms zum König von Meroe (lat. Z. 7-8: *leg[atis re]gis Aethiopum ad Philas auditis, eo[dem] / rege in tutelam recepto*, gr. Z. 16-7: *δεξάμενός τε πρέσβεις Αἰθιόπων ἐν Φί/λαις καὶ προξενίαν παρὰ τοῦ βασιλέως λ[αβών]*) sowie andererseits die Installierung eines „Herrschers" (tyrannus) für das Gebiet südlich des ersten Katarakts (gr. Z. 17-8: *[τύ]ραννόν τε τῆς Τριακονταεσχοίνου τοπαρχία[ς] / μιᾶς ἐν Αἰθιοπίαι καταστήσας*, lat. Z. 8: *tyran[n]o Tr[iacontas]choen[i] inde Aethiopiae constituto.* Die von Mazzarino, *L'iscrizione* S. 314-20 vertretene Lesung *inde Aethiopiae* statt *in fine Aethiopiae* in lat. Z. 8 – *„Aethiopiae è, ovviamente, una sorta di datiuus commodi"* – ist nach der Überprüfung des Steins durch Alföldy, *Obelisk* S. 96-100 bestätigt worden). Aufgrund des Bedeutungsunterschieds von *in tutelam recepto* in Z. 8 und *προξενίαν ... λ[αβών]* in Z. 17 ist der politische Status von Meroe zwischen den Zügen des Gallus und des Petron nicht ganz klar erkennbar (Bernand, *inscriptions* S. 44-5. Eide/Hägg/Pierce/Török, *Fontes* S. 694). Wenn jedoch die lateinische Version die offizielle römische Meinung wiedergibt, scheint Meroe nach 29 ein römisches „Klientelkönigreich" gewesen zu sein: Burstein, *Cornelius* S. 166-9. Török, *Kingdom* S. 450. Hierfür spricht auch, daß Augustus nach dem Krieg der Jahre 24-21/20 „Tribute erließ", die den Aethiopen offenbar bereits vorher von Rom auferlegt worden waren (Strabo 17,1,54 C821: *ἀφῆκεν αὐτοῖς καὶ τοὺς φόρους, οὓς ἐπέστησε*).

das tatsächliche Operationsgebiet des Präfekten umschrieben wird: die Gegend um oder unmittelbar südlich von Syene, wo die Sonne im Hochsommer (am Wendekreis des Krebses, zur Zeit der Sommersonnenwende) keinen Schatten wirft und daher extreme Hitze herrscht.[20]

Es sollte an dieser Stelle in Erinnerung gerufen werden, daß Vergil in der 10. *Ecloge* eine entscheidende Wende im Leben des Dichters Gallus darstellt: Gallus versucht, sich mit seiner unglücklichen Liebe abzufinden, er beendet die Beschäftigung mit der Liebeselegie. Unklar ist, wann der historische Cornelius Gallus seine letzten Lycoris-Gedichte veröffentlichte, doch nennt ihn Ovid (Trist. 4,10,53) als den Vorgänger Tibulls, dessen erste Gedicht-Sammlung um 27 oder wenig später publiziert wurde.[21] In jedem Falle dürfte ihm das Amt des *praefectus Aegypti* wenig Raum für Muße gegeben haben. Unter dieser Voraussetzung würde klar werden, daß der Grund für die Resignation und die Abkehr des Gallus von der Liebeselegie in Ecl. 10,62-9 identisch ist mit dem Anlaß für Vergil, den *extremus labor* (10,1) auf sich zu nehmen: Gallus kann sich nicht mehr um *nostri medicina furoris* (10,60) kümmern, sondern ist nun durch seine Amtsgeschäfte ausgelastet. Wenn unsere Vermutung zutrifft, daß Vergil in der 10. *Ecloge* auf den fulminanten Beginn seiner politischen Aktivitäten als Präfekt anspielt, hätten wir hier eine überaus unaufdringlich gestaltete Art von *laudes Galli* vor uns.[22] Der nach unserer Annahme im Theocrit-Zitat

---

[20] Vgl. Plinius, Nat. 2,17/81. 2,75/183 (*tradunt in Syene oppido ... solstiti die medio nullam umbram iaci*). 18,59/221. 18,68/264 (*solstitium peragi in octava parte Cancri et VIII kal. Iul. diximus*). Vgl. dagegen die Verwunderung bei de Callataÿ, *géographie* S. 45 über eine hier vorliegende *„sorte de paradoxe"*, daß die südlichste bekannte Erdgegend (Aethiopien) mit dem nördlichsten Tierkreiszeichen (Krebs) in Verbindung gebracht wird.

[21] Vgl. Lyne, *Exchanges* S. 521-4. Allerdings scheint das 1. *Elegien*-Buch des Properz, der von Ovid als Tibulls *successor* genannt wird, zu dieser Zeit schon veröffentlicht gewesen zu sein (vgl. Luther, *Monobiblos*: ca. 30-29).

[22] Vgl. neben den Versen 10,72-3 auch die rhetorische Frage Vergils in Ecl. 10,3: *neget quis carmina Gallo?* Bei der 10. *Ecloge* handelt es sich demnach um ein Gedicht f ü r Gallus.

versteckte Hinweis auf den Feldzug[23] hätte in jedem Fall nicht deutlicher sein dürfen. Denn Vergils Anliegen ist es offenbar gewesen, die *Bucolica* in den historischen Rahmen der frühen 30er Jahre zu versetzen.

Vor dem Hintergrund dieser Überlegungen fänden wir im Feldzug des Gallus *ultra Nili catarhacte[n]* gleichzeitig eine Antwort auf die Frage, weshalb Vergil den Gallus auf „groteske" Weise in ein pastoral-bukolisches Ambiente versetzt: Die theocriteischen *Aethiopes* würden gewissermaßen das poetische Bindeglied bilden zwischen der pastoralen Grundstimmung der *Bucolica* im allgemeinen (und der 10. *Ecloge* im speziellen) und Gallus, dem Verfasser von *amores* und siegreichen Feldherrn über die Aethiopen.[24] Angesichts der Vermutung, die vorliegende Ausgabe der *Bucolica* könnte erst in den 20er Jahren veröffentlicht worden sein, spräche nichts dagegen, daß auch die Entstehung 10. *Ecloge* in die 20er Jahre fallen würde, speziell in die Zeit der Präfektur des Gallus. Da das exakte Datum seiner Abberufung aus Ägypten nicht bekannt ist, käme für die Veröffentlichung der Zeitraum zwischen etwa Mitte 29 und 27/26 in Frage.[25] Dies entspräche der oben geäußerten Vermutung, daß die 4. *Ecloge* einen Bezug auf die Ereignisse der Jahre 28 und 27 hätte.

---

[23] Vergil spielt vielleicht auch an anderen Stellen der *Bucolica* auf Ereignisse seiner eigenen Zeit an, indem er Theocrit-Verse adaptiert. Denn etwa der in der 5. *Ecloge* thematisierte Tod des Hirten Daphnis (und seine Erhebung zu den Sternen) erinnert an den Tod (und die Apotheose) Caesars, wenngleich hier Elemente des Thyrsis-Liedes aus Theocrits erstem *Idyll* aufgegriffen werden: Drew, *Eclogue*. Grimal, *églogue*. Vgl. Coleman, *Vergil* S. 171-4 und *Modes* S. 69. Leclercq, *loisir* S. 75. Clausen, *Commentary* S. 152-3.

[24] Servius, Ecl. 10,1: *amorum suorum de Cytheride scripsit libros quattuor*.

[25] Schapers „extreme" Vermutung, daß der Anlaß für die Abfassung der 4. *Ecloge* erst im Jahr 25 gegeben war (die Ehe von Marcellus und Iulia), schießt m.E. daher über das Ziel hinaus: Schaper, *Entstehungszeit* S. 793-4.

5. Vergils frühe Dichtung

Kann die in den vorangegangenen Studien ins Spiel gebrachte alternative Datierung der *Bucolica* zutreffen, wenn wir den literaturgeschichtlichen Rahmen ihrer Entstehung berücksichtigen? Ein so spätes Datum für die Veröffentlichung der Sammlung bringt uns in Verlegenheit im Hinblick auf die *Georgica*, da man bisher zumeist annahm, daß diese um 30-29 abgeschlossen worden seien,[1] wenngleich auch spätere Ansätze Befürworter fanden.[2] Daß die vorliegende Version der *Georgica* nach den *Bucolica* publiziert worden ist, deutet Vergil in Georg. 4,563-6 selbst an: *illo Vergilium me tempore dulcis alebat Parthenope .., carmina qui lusi pastorum audaxque iuventa, Tityre, te patulae cecini sub tegmine fagi.* Wir werden indes feststellen, daß ein späterer Termin als 30-29 für die Endredaktion der *Georgica* nicht nur durchaus möglich, sondern sogar wahrscheinlich ist.

Vorab müssen wir den *Terminus ante quem* benennen. Dieser ergibt sich aus einer Erwähnung Vergils durch Horaz in C. 1,24, wo der in das Jahr 23 zu datierende Tod[3] des gemeinsamen Bekannten Quintilius beklagt wird. Hier nämlich (C. 1,24,13-5) findet sich eine Anspielung auf das zweite Buch der *Georgica*, in dem die Pflege der Bäume thematisiert wird: *quid? si Threicio blandius Orpheo auditam moderere arboribus fidem, num*

---

[1] Vgl. Rieks, *Dichtung* S. 775-7. Die VSD §27 bezeugt, daß die *Georgica* schon im Jahre 29 vorgetragen wurden: *Georgica reverso post Actiacam victoriam Augusto atque Atellae reficiendarum faucium causa commoranti per continuum quadriduum legit.* Allerdings muß dies nicht die Endfassung des Werkes gewesen sein, ähnlich wie im Falle der *Aeneis*. Denn Augustus nahm nach Sueton-Donat während seines Cantabrerfeldzuges regen Anteil an ihrer Entstehung und bat um die Übersendung einer *prima carminis ὑπογραφή*. Auch nachdem Vergil dem *princeps* auszugsweise das fertige Produkt zu Ohren gebracht hatte, habe er noch an ihm gefeilt, *impositurus Aeneidi summam manum*. Vgl. VSD §31 und 35.

[2] Ein späteres Datum vertraten etwa Drew, *Temple* S. 201 („*Virgil finished the Georgics in 27 B.C.*"). Ähnlich Jacobson, *Aristaeus* S. 296-300 („*not published until late 28 or perhaps even 27*"). Dagegen Richter, *Vergil* S. 11-3 („*frühestens nach 26*"). Vgl. S. 267-8.

[3] Hieronymus, zu Ol. 189 = Rom. 21 = 23 v. Chr.: *Quintilius Cremonensis Vergilii et Horatii familiaris moritur.*

vanae redeat sanguis imagini ..? In den Worten *Threicio blandius Orpheo* scheint zugleich eine Anspielung auf das Aristaeus-Epyll im vierten Buch der *Georgica* vorzuliegen.[4] Unklar ist zunächst, ob das Werk Vergils zur selben Zeit entsteht oder bereits entstanden ist. Will man aber nicht annehmen, daß sich die in engem Kontakt stehenden Poeten vor der Veröffentlichung der *Georgica* austauschten – was immerhin eine Möglichkeit darstellt –, läßt sich der Hinweis bei Horaz nur so erklären, daß die *Georgica* v o r 23 publiziert worden sind.[5]

Im Hintergrund der *Georgica* steht durchweg der im Siegen begriffene oder bereits siegreiche Caesar Octavian. Während im ersten Buch noch die düstere Gegenwart der Bürgerkriege nachwirkt[6] und Caesar als Retter des Zeitalters angerufen wird (1,498-514), erscheint er in den folgenden Büchern bereits deutlicher als *victor* (2,171. 4,561). Konkret können wir folgende Anspielungen auf zeitgenössische Ereignisse ausmachen: E r s t e n s wird in Georg. 4,559-62 bezeugt, daß zur Zeit der Abfassung ein Krieg am Fluß Euphrat geführt wurde: *Haec ... canebam .., Caesar dum magnus ad altum fulminat Euphraten bello victorque volentis per populos dat iura viamque adfectat Olympo.* Z w e i t e n s ist in Georg. 1,509 von zeitgleichen Kriegen im Osten und in Germanien die Rede: *Hinc movet Euphrates, illinc Germania bellum.* D r i t t e n s erscheint in Georg. 2,170-2 Caesar als Sieger über Inder: *Maxime Caesar, qui nunc extremis Asiae iam victor in oris imbellem avertis Romanis arcibus Indum.* V i e r t e n s beschreibt Vergil in Georg. 3,16-48 die bereits erfolgten oder bevorstehenden Siege Octavians, die an einem Tempel dargestellt seien, und nennt die Britannier,

---

[4] Vgl. West, *Horace* S. 112-3.

[5] In die gleiche Richtung weist auch ein Zeugnis des Properz. In der *Elegie* 2,34,77-8 richtet Properz das Wort an Vergil und bezieht sich auf die *Georgica*: *Tu canis Ascraei veteris praecepta poetae, quo seges in campo, quo viret uva iugo.* Da in derselben *Elegie* (v. 92) Cornelius Gallus als *mortuus* bezeichnet wird, muß das Gedicht nach 26 entstanden sein. Veröffentlicht wurde es jedoch vermutlich – wie ich an anderer Stelle hoffe zeigen zu können – erst im Jahre 22 (wohl parallel zum 3. *Elegien*-Buch).

[6] Erwähnt werden als frühere Ereignisse der Tod des Dictators (Georg. 1,466) und die Doppelschlacht von Philippi (1,490).

Kämpfe bei den Gangarides und am Nil, eroberte Städte Asiens, den Berg Niphates, die Parther sowie *duo rapta manu diverso ex hoste tropaea bisque triumphatas utroque ab litore gentis.* Fünftens erfahren wir vage von einem *coniurato descendens Dacus ab Histro* (2,497), der einen von den Unbilden des öffentlichen Lebens unberührten Menschen ebensowenig zu schrecken vermag wie *res Romana perituraque regna.*

Mehrere Aspekte sind an diesen Daten bemerkenswert. Erstens liegt hinsichtlich des in Georg. 4,559-62 und 1,509 genannten Krieges am Euphrat mit aller Wahrscheinlichkeit eine Anspielung auf den Bürgerkrieg im Partherreich in den Jahren 31 bis ca. Ende 25 vor, in welchem Rom den Prätendenten Tiridates stützte und somit indirekt beteiligt war.[7] Auf dieselben Ereignisse beziehen sich wohl je ein Gedicht des Horaz (*Carmen* 3,3) sowie des Properz (*Elegie* 3,4). In beiden wird die zu dieser Zeit gängige politische Parole gegen die Parther als *dare iura Medis* (Horaz, C. 3,3,44) oder *sub nova iura* (Properz 3,4,4) aufgegriffen. Dem entspricht der Bericht Justins, daß Tiridates dem Kaiser ankündigte, das Partherreich im Falle seines Sieges „römischen Gesetzen“ zu unterstellen.[8] In der ersten Jahreshälfte 26 scheint er als römischer „Klientelkönig“ die Kerngebiete des Partherreiches kontrolliert zu haben.[9] Da Justin bezeugt, daß er

---

7 Zu den Ereignissen: Timpe, *Partherpolitik.* Ein Zusammenhang mit den diplomatischen Maßnahmen, die Octavian während seiner Rückreise nach Rom im Jahre 30 im Hinblick auf die Parther ergriff, muß ausgeschlossen werden, da er nur mit den Parthern verhandelte (Dio 51,18). Vergil aber setzt die Existenz eines militärischen Konflikts voraus.

8 Justin 42,5,7-8: *[Tiridates] iuris Romanorum futuram Parthiam adfirmans.*

9 Dies bezeugen die datierten Tetradrachmen des Tiridates (vom Februar bis zum Mai 26) mit der Legende ΒΑΣΙΛΕΩΣ ΒΑΣΙΛΕΩΝ ΑΡΣΑΚΟΥ ΕΥΕΡΓΕΤΟΥ ΑΥΤΟΚΡΑΤΩΡ *(sic!)* ΦΙΛΟΡΩΜΑΙΟΥ ΕΠΙΦΑΝΟΥΣ ΦΙΛΕΛΛΗΝΟΣ, vgl. de Callataÿ, *tétradrachmes* S. 42-3. Sie wurden vermutlich in Seleucia am Tigris geprägt. Sellwood, *Drachms* S. 79-81 vertritt die Ansicht, Münzen des Phraates von ca. 25 (Typ 6) mit einer Nike-Darstellung auf dem Revers bezögen sich auf Erfolge gegen den Usurpator. In einer beschädigten Inschrift Supplementum Epigraphicum Graecum 7 (1934) Nr. 12 aus Seleucia am Eulaeus (Susa) zu Ehren des späteren Stratiarchen Zamaspes, die wohl in das 1. Jh. v. Chr. gehört (vgl. Nr. 13 von 9/8 v. Chr.

flüchten mußte und Augustus in Spanien aufsuchte, könnte er sich bis spätestens Ende 25 gehalten[10] und bis zu diesem Zeitpunkt der römischen Propaganda als Beleg für einen Sieg über die Parther gedient haben (vgl. Georg. 3,31). Wenn nach Georg. 1,509 zeitgleich am Euphrat und in *Germania* Krieg geführt wurde, so paßt hierzu, daß Cassius Dio sowie der spätantike Chronist Cassiodor (nach einer möglicherweise auf Livius zurückgehenden Angabe) für das Jahr 25 einen römischen Erfolg über die Germanen verzeichnen.[11] Zweitens irritiert uns die Nennung des Sieges über den *imbellis Indus* in Georg. 2,172. Üblicherweise werden die Inder auf die Hilfstruppen der Cleopatra und des Antonius bei Actium (vgl. Aen. 8,705-6) bezogen,

---

oder 1-2 n. Chr.) wird ein früherer Gouverneur namens Tiridates erwähnt (*ὅς ῥα ταγεὶς στρατίαρχος ὁ Σου[σιανὴν διακοσμῶν]*, Ergänzung nach A. Wilhelm. Vgl. Bengtson, *Strategie* S. 280-3). Es wurde vermutet, daß es sich bei diesem Tiridates um den späteren Usurpator gehandelt habe, der demnach vor seiner ersten Erhebung in den 30er Jahren bereits ein hoher Verwaltungsbeamter gewesen sein könnte. Vgl. Le Rider, *Suse* S. 412-3 und 417.

[10] Nach Justin (42,5,6) flüchtete sich Tiridates *ad Caesarem in Hispania bellum tunc temporis gerentem*. Augustus hielt sich dort sicher bis ca. Ende 25 auf. Vgl. Halfmann, *Itinera* S. 157. Schuol, *Charakene* S. 314-5 machte auf den Umstand aufmerksam, daß die Herrschaft des Königs Attembelus (I.) von Characene im Jahre 287 sel. (=Frühjahr 25-Frühjahr 24 v. Chr., berechnet nach der babylonischen Variante der Ära) endete, und vermutete, das Verschwinden des Königs könnte Teil eines politischen Konzepts Phraates' IV. sein, welches *„die Ersetzung aller Parteigänger des Gegenkönigs durch loyale Personen vorsah"*. Wenn dies erst kurz vor oder nach der Flucht des Tiridates geschah, könnte die datierte characenische Münzprägung einen Hinweis darauf liefern, daß er sich im südlichen Mesopotamien bis mindestens Frühjahr 25 gehalten hat. Vgl. Nodelman, *Characene* S. 95-6 (Überprägungen characenischer Münzen des Attambelus durch Phraates). Da Dio (55,10a,5) bemerkt, daß zusammen mit Tiridates einst der Meder Ariobarzanes zu den Römern gekommen war (vgl. Augustus, R.G. 33), könnte das Herrschaftsgebiet des Tiridates zudem zeitweilig auch das atropatenische Medien umfaßt haben.

[11] Dio 53,26,4. Cassiodor, Chron. ad A. 729: *C. Augustus Caesar VIII et M. Silanus. His conss. Cantabros, Germanos, Salassos Caesar perdomuit.* Dio überliefert auch für das Jahr 29 einen Sieg über die Germanen/Sueben (51,20,5 und 21,5-6), jedoch sind keine zeitgleichen „römischen" (oder von Rom geförderten) Aktivitäten militärischer Natur am Euphrat bezeugt.

„der Sieg dort ist also auch ein Sieg über sie gewesen“.[12] Allerdings scheint Vergil unter dem Begriff „Inder“ vielfach die Aethiopier zu verstehen.[13] Denn etwa in Georg. 4,293 wird der Nil als *coloratis amnis devexus ab Indis* bezeichnet.[14] Hat Caesar die „indischen“ Aethiopier besiegt, so stehen nur die oben bereits genannte Expedition des Cornelius Gallus vom Frühjahr 29 oder die unter P. Petronius geführten Kriege der Jahre 24 bis 20 zur Auswahl.[15] Bedenkt man jedoch, daß der Parther Tiridates spätestens Ende 25 zu Augustus fliehen mußte (Justin 42,5,6) und der Krieg im Partherreich zu dieser Zeit – zu Ungunsten Roms – weitgehend beendet war, können die darauffolgenden Züge des Petronius nicht gemeint sein, da Vergil im 4. Buch der *Georgica* andeutet, daß er während des Krieges am Euphrat schrieb (4,559-62) und anzunehmen ist, daß dieser Krieg von Vergil zur Zeit der Abfassung als erfolgreich (oder zumindest erfolgversprechend) bewertet wurde. Eine zweite, passable Möglichkeit ist die durch Orosius (6,21,19) bezeugte indische Gesandtschaft, die Augustus wohl im Jahre 25 in Spanien aufsuchte: Ein hieraus resultierendes Abkommen kann als römischer „Erfolg“ dargestellt worden sein.[16] Drittens tauchen die in Georg. 3,25 genannten Britannier auch bei Horaz und Properz auf, allerdings insbesondere in solchen Gedichten, die auf Ereignisse aus der Mitte der 20er Jahre anspielen.[17] Cassius Dio berichtet zwar, daß Octavian schon in den 30er Jahren an einen Zug über den Ärmelkanal dachte, doch konkret scheint

---

[12] Meyer, *Außenpolitik* S. 20.

[13] Nadeau, *Ethiopians* S. 343-6. Vgl. Bianchetti, *Aethiopes* S. 118.

[14] In dieser Passage findet sich im übrigen trotz des eindeutigen Bezuges auf die Aethiopier ein Hinweis auf die vermeintliche Nachbarschaft des Nils zu den Persern (4,290).

[15] Zu den Kriegen des Petron: Strabo 17,1,54 C820-1. Dio 54,5,4-5. Plinius, Nat. 6,35/181. Augustus, R.G. 26. Desy, *Valeur* S. 136 vermutet, die Bezeichnung *imbellis* könnte ein ironischer Seitenhieb gegen Augustus und seine *„victoires faciles“* sein.

[16] Vgl. Hieronymus, zu Ol. 188,2, der eine indische Gesandtschaft für das Jahr 26 bezeugt.

[17] Horaz, C. 1,21,15. 1,35,29-32 (Anspielung auf die Arabienexpedition der Jahre 26-24). Properz 2,27,5.

ein derartiges Projekt erst in den Jahren 27 und 26 geplant worden zu sein.[18] Vermutlich kam es in dieser Zeit zu einer (vertraglichen?) Vereinbarung mit den Britanniern, die als Unterwerfung interpretiert werden konnte.[19] Hinzu kommt viertens, daß der Prolog des dritten *Georgica*-Buches, in dem der imaginäre Marmortempel beschrieben wird, Ähnlichkeiten mit der bei Properz (2,31) überlieferten Darstellung des Apollo-Tempels auf dem Palatin besitzt, wie D.L. Drew erkannte: Das Bauwerk wurde aber am 9. Oktober 28 eingeweiht.[20] Der bereits existierende Apollo-Tempel könnte demnach Vorbild für die Beschreibung Vergils gewesen sein.[21] Allerdings war er seit 36 im Bau. Fünftens: hinsichtlich der Dacer, die nach Vergil die Römer bedrohen, berichtet einerseits Dio für das Jahr 29 von vorausgegangenen militärischen Zwischenfällen (51,22,6-8) sowie von einem Krieg, der wohl in den Jahren 29 und 28 vom Statthalter von Macedonia, M. Licinius Crassus, gegen die Dacer und andere Balkan-Völker geführt wurde (51,23,2-27,1). Horaz weiß indes von einem *Daci Cotisonis agmen* (C. 3,8,18), das fehlgeschlagen ist, während noch im Partherreich Bürgerkrieg herrschte und der Cantaber schon besiegt war – offenbar eine Anspielung auf die spanischen Erfolge des Augustus bis zum Ende des Jahres 25.

---

18 Dio 49,38,2. 53,22,5. 53,25,2.

19 Kienast, *Augustus* S. 354-5.

20 Das Jahr bezeugt Dio 53,1,3, das Tagesdatum die Fasti Fratrum Arvalium, die Fasti Amiternini und die Fasti Antiates Ministrorum (CIL 1,1² S. 214. 245. 249 = Inscriptiones Italiae 13,2 S. 37. 195. 209). Vgl. Drew, *Temple* S. 196: „*we can hardly fail to be struck by the close correspondence between the two edifices*“. Vergil „*fuses into one comprehensive scene the Rome of August 29 B.C. and the Rome of October 28 B.C.*“. Vgl. Richter, *Vergil* S. 267. Jacobson, *Aristaeus* S. 298-9.

21 Allerdings beziehen sich die im Tempel dargestellten Erfolge Caesars wohl nicht nur auf die Zeit bis zum Jahr 28. Neben dem bereits genannten Britannier könnten auch der fliehende Parther (Georg. 3,31) und der Nil (3,29) allgemein auf die erste Hälfte der 20er Jahre deuten. Wenn zudem der Begriff „Gangariden“ (3,27) als ein Synonym für Inder gebraucht wird (wie es den Anschein hat, vgl. Servius und Servius auct., Georg. 3,27) und der Nil in derselben Satzperiode erwähnt wird, könnte hier ebenfalls eine Anspielung auf die Aethiopier vorliegen.

Wenngleich vieles undeutlich bleibt (etwa die *duo rapta manu diverso ex hoste tropaea bisque triumphatas utroque ab litore gentis* in Georg. 3,32-3),[22] verdichten sich die Indizien: Die *Georgica* in ihrer heute vorliegenden Form scheinen in den Jahren 26-25 publiziert worden zu sein.[23] Am ehesten kommt wohl, wenn die Nachrichten Dios und Cassiodors im Hinblick auf den Germanien-Erfolg (1,509) zutreffen, das Jahr 25 in Frage. Das Jahr 24 scheidet jedenfalls deswegen aus, weil der von Augustus unterstützte Tiridates vor der Rückkehr des *princeps* vom Cantabrerfeldzug aus dem Partherreich vertrieben worden war und eine Nennung der Kämpfe am Euphrat spätestens nach seiner Flucht nicht mehr opportun gewesen sein kann, zumal die Nachricht über einen Mißerfolg schwerlich geheimgehalten werden konnte.[24] Bei der hier postulierten Veröffentlichung der *Bucolica* um 29-27 (s.o.) wären die *Georgica* somit tatsächlich später entstanden.

Nun überliefert der Vergilkommentator Servius die Nachricht, daß Vergil die zweite Hälfte des 4. Buches der *Georgica* (*a medio usque ad finem*) auf Veranlassung des Augustus habe ändern müssen, da sich dort *laudes* des Gallus befanden.[25]

---

[22] Ich verweise allerdings für diese Stelle auf Servius auct., Georg. 3,32, wo der Kommentator ebenfalls auf die Mitte der 20er Jahre deutet: *„utroque" autem „ab litore" id est Oceani orientalis et occidentalis, ut sit de Aegypto <et> Cantabris, vel de India et Britannia*. Nach Kraggerud, *Vergil* S. 11 bezieht sich die Anspielung (aufgrund eines Vergleichs mit *Aeneis* 8,727-8) auf die Erfolge über Moriner und Daher, nach Richter, *Vergil* S. 268 auf die über Moriner und Bastarner.

[23] An dieses Datum dachte schon Richter, *Vergil* S. 13, der es allerdings durch die Hypothese begründete, daß eine erste Auflage nicht hätte restlos verschwinden können, s.u.

[24] Somit scheinen alle genannten Völker, die in Georg. 3,16-48 den imaginären Tempel am Mincius schmücken, zum Zeitpunkt der Veröffentlichung bereits besiegt oder durch ein Freundschaftsverhältnis an Rom gebunden gewesen zu sein – scheinbar aber mit einer Ausnahme, dem Niphates, hinter dem (nach allgemeiner Ansicht) „Armenien" stehe. Ich vermute allerdings, daß der Niphates für den Fluß Tigris und somit stellvertretend für die Parther steht (vgl. Luther, *Regulus-Ode*).

[25] Servius, Ecl. 10,1: *quartus georgicorum a medio usque ad finem eius laudes teneret: quas postea iubente Augusto in Aristaei fabulam commutavit.*

Grundsätzlich jedenfalls sollte diese Nachricht nicht als technisch unmöglich abgelehnt werden, da in der Neuedition der *Amores* Ovids ein Parallelfall vorliegt und eine erste Auflage keinerlei Spuren hinterlassen hat.[26] Allerdings ist das Problem für unsere Belange auch nicht relevant. Wir sahen ja, daß das unmittelbare Umfeld der Textpassage Georg. 4,563-6, in der sich die Anspielung auf die früher erfolgte Veröffentlichung der *Bucolica* findet, sicherlich um 26-25 entstanden sein muß. Somit läßt sich nicht belegen, daß eine möglicherweise vor dem Tod des Gallus (27/26) veröffentlichte Vorgängerversion diesen Hinweis ebenfalls enthalten hätte. Die Anspielungen auf Ereignisse der Jahre 26-25 sind jedoch in den *Georgica* gestreut, so daß man die Angabe des Servius nur in der Weise verstehen kann, daß Vergil auch vereinzelt andere Stellen des Gesamtwerks revidierte und mit zeitgenössischen Anspielungen „spickte".[27] Bedenkt man schließlich die sehr unpräzise Nennung des Zeitpunkts der Umänderung bei Servius (*quas postea iubente Augusto in Aristaei fabulam commutavit*), bleibt noch die Möglichkeit, daß die *Georgica* bereits 27-26, als Gallus starb, kurz vor der Vollendung standen und geplante *laudes Galli* durch die Intervention des *princeps* oder aus Vergils eige-

---

Daß uns die 10. *Ecloge* in der vorliegenden Form erhalten ist, mag – wie Servius überliefert – an der impliziten Kritik an Antonius liegen: *aperte hic Antonius carpitur, inimicus Augusti, quem contra Romanum morem Cytheris est in castra comitata.* In der modernen Forschung ist jedoch umstritten, ob das vierte Buch der *Georgica* tatsächlich geändert wurde. Abgelehnt wird die Nachricht des Servius etwa von Norden, *Orpheus* S. 469-74. Anderson, *Gallus* S. 44. Naumann, *Laudes* S. 17. Paratore, *L'episodio* (S. 22). Griffin, *Georgic* S. 74-6. Glei, *Vater* S. 110-1 („*Märchen von den laudes Galli*"). Verteidigt wird sie von Büchner, *Vergilius* Sp. 293-7. Coleman, *Gallus* S. 69. Jacobson, *Aristaeus* S. 271-96. In jüngerer Zeit: Setaioli, *Postilla.* Dagegen nimmt Gall, *Technik* S. 192-203 an, daß im Aristaeus-Epyll eine *imitatio Galli* (und somit implizit ein Lob des Dichters) vorliegt. Eine nützliche Übersicht über die moderne Diskussion bei Setaioli, *amor* S. 192-9.

[26] Ovid, Am. 1, Epigramm v. 1-2: *Qui modo Nasonis fueramus quinque libelli, tres sumus.*

[27] So etwa Terzaghi, *edizione* S. 138 hinsichtlich des Prologs des 3. Buches.

nem Antrieb[28] v o r der Veröffentlichung zum Aristaeus-Epyll umgearbeitet wurden.[29]

Wenn wir daher annehmen, daß die *Georgica* in ihrer heutigen Gestalt um 25 publiziert wurden, und die Vermutung im Raum steht, die *Bucolica* könnten um 29-27 veröffentlicht worden sein, bleibt dennoch das Problem, daß Vergil bereits z u v o r ein bekannter Poet gewesen sein muß. Denn Horaz nennt Vergil in seinem wohl in den 30er Jahren entstandenen ersten *Satiren*-Buch[30] einerseits als denjenigen, der ihn in den Dichterkreis des Maecenas einführte (Sat. 1,6,54-5), und andererseits deutet Horaz an, daß Vergil schon zu dieser Zeit durch die Behandlung rustikaler Themen dichterisch hervorgetreten ist (Sat. 1,10,42-5 [50-3]): *Pollio regum facta canit pede ter percusso, forte epos acer ut nemo Varius ducit, molle atque facetum Vergilio adnuerunt gaudentes rure Camenae*. Gemeinhin vermutet man, daß Horaz hier auf die bereits (nach herkömmlicher Ansicht in den 30er Jahren) erschienenen *Bucolica* anspielt,[31] doch zwingend ist diese Deutung keineswegs. Denn e r s t e n s muß offen bleiben, ob Horaz im 1. Buch der *Satiren* auf bereits p u b l i z i e r t e Dichtungen Vergils verweist, wie bisweilen vermutet wurde.[32]

---

[28] Vgl. Lefèvre, *laudes* S. 191.

[29] Diese Annahme würde auch erklären, wieso Vergil nicht auch die Gallus-Passagen der *Bucolica* strich: Diese waren offenbar veröffentlicht. Vgl. Richter, *Vergil* S. 13.

[30] Als Datum der Veröffentlichung des 1. Buches der *Satiren* wird zumeist der Zeitraum 35-34 angenommen: Schanz/Hosius, *Geschichte* S. 118. Burck bei Kiessling/Heinze, *Satiren* S. 384-5, vgl. aber auch Syme, *Sallust* S. 281 (auch 33 möglich). Du Quesnay, *Horace* S. 20-1 (Winter 36/35).

[31] Vgl. Kiessling/Heinze, *Satiren* S. 168. Anders etwa Witte, *Geschichte* S. 138 Anm. 1: *„Das MOLLE ATQUE FACETUM VERGILIO ADNUERUNT GAUDENTES RURE CAMENAE in I 10 geht auf Vergils Bucolica u n d G e o r g i c a"*.

[32] Kiessling/Heinze, *Satiren* S. XXII denken etwa, daß die Zehnzahl der Gedichte des 1. *Satiren*-Buchs auf das Vorbild der *Bucolica* zurückgeht. Vgl. van Rooy, *„Imitatio"*, der von einer *„contrast imitation"* (S. 71) der *Eclogen* Vergils durch Horaz ausgeht, entweder wörtlich (etwa: Sat. 1,4,29 ~ Ecl. 4,39, Sat. 1,1,27 ~ Ecl. 7,17, Sat. 1,10,36-7 ~ Ecl. 10,47, Sat. 1,5,103 ~ Ecl. 4,7 [evtl. aus Lucrez?]) oder thematisch, etwa durch einen *„parallelism of themes"* in Ecl. 7 ~ Sat. 1,7 (S. 80) oder in Sat. 1,8 ~ Ecl. 8 (das Hexenmotiv

Immerhin besteht die Möglichkeit, daß die *Bucolica* Vergils bereits in der Planungsphase unter den befreundeten Mitgliedern des Maecenas-Kreises oder auch in der Öffentlichkeit als frühe Einzelstücke kursierten.[33] Einer späteren Publikation der *Bucolica* in der vorliegenden Form widersprächen die Verse des Horaz grundsätzlich nicht. Es sollte allerdings noch eine zweite Möglichkeit in Betracht gezogen werden: An der Anspielung *gaudentes rure Camenae* ist irritierend, daß Vergil selbst bei der Bezeichnung der *Bucolica* inkonsequent gewesen zu sein scheint. Während er sie in Ecl. 3,84 tatsächlich unter den Begriff *rustica* faßt,[34] ordnet er die *Bucolica* an anderer Stelle nicht ausdrücklich in die Kategorie *rus* ein. In den *Georgica* (4,565) bezeichnet er sie vielmehr als *carmina ... pastorum*, und in seinem bei Sueton-Donat überlieferten Grabepigramm heißen sie offenbar *pascua*: *Mantua me genuit, Calabri rapuere, tenet nunc Parthenope, cecini pascua rura duces.*[35] Die Bezeichnung *duces* steht für die *Aeneis*. Mit *rura* wiederum sind hier sicher vor allem die *Georgica* gemeint. Daher stellt sich die Frage, ob in der Horaz-Nachricht *molle atque facetum Vergilio adnuerunt gaudentes rure Camenae* überhaupt die *Bucolica* gemeint sein müssen. Da die *Georgica* in ihrer heutigen Form aus chronologischen Gründen von vornherein ausscheiden, liegt möglicherweise bei Horaz ein Bezug auf andere Werke Vergils vor, nämlich

---

kann allerdings auch durch Theocrits 2. *Idyll* vermittelt sein. Vgl. S. 80-2 und 87). Das angeführte Argument, daß Horaz Vergil habe imitieren müssen, weil letzterer *„the more senior of the two poets"* war (S. 85), ist jedoch ungültig – in allen angeführten Fällen ist m.E. auch der umgekehrte Weg des Zitierens denkbar. Jüngst auch Felgentreu, *Horaz* S. 265-7 und 272-3, der zudem auf eine *„literarische Kommunikation zwischen dem ersten Satirenbuch und den Georgica"* verweist, *„und das zu einem Zeitpunkt, als die Georgica öffentlich noch gar nicht vorliegen"* (!): Sat. 1,1,114-6 ~ Georg. 1,511-4, Sat. 1,1,28 ~ Georg. 2,513. Eine derartige Annahme müßte im übrigen auch für die *Eclogen* in ihrem Verhältnis zu den *Satiren* gelten dürfen: in der Tat spricht ja nichts dagegen, daß Teile der *Bucolica* schon in den 30er Jahren in Planung waren.

[33] Hierdurch würde die Übereinstimmung erklärbar, daß Vergil in der 3. *Ecloge* in der Tat die bei Horaz angeführten *Camenae* nennt (3,59).

[34] Damoetas singt: *Pollio amat nostram, quamvis est rustica, Musam.*

[35] Etwa: VSD §36.

entweder auf heute verlorene Jugendwerke, auf Vorstudien zu späteren Werken (etwa zu den *Georgica*) oder aber auf einen Teil der in der *Appendix Vergiliana* gesammelten und in ihrer Authentizität umstrittenen kleineren Gedichte, in denen teilweise ebenfalls das Landleben besungen wird. Denkbar wäre etwa, daß Horaz den *Culex* meint – denn immerhin galt der *Culex* gut hundert Jahre nach dem Tode Vergils als ein Werk dieses Dichters.[36] Dort wird eine ländliche Situation gezeichnet, auf die die horatianischen Attribute *molle atque facetum* gut passen würden und die unschwer mit der horatianischen Wendung *gaudentes rure Camenae* beschrieben werden kann.[37] Gleichzeitig würde diese Zuordnung den Widerspruch aufklären, daß der bereits als Dichter bekannte Vergil – nach unserem Verständnis – seine früheste, sicher als authentisch bezeugte Gedichtsammlung (die *Bucolica*) erst mehrere Jahre nach den frühen Werken des „Newcomers“ Horaz herausgegeben haben sollte. Die 40er und 30er Jahre gäben indes mit Leichtigkeit einen passablen historischen Hintergrund für das Entstehen (und die Veröffentlichung) des *Culex* ab.[38] Wie auch immer: Horaz kann nicht als

---

[36] Martial 14,185: *Vergili Culix: Accipe facundi Culicem, studiose, Maronis, ne nucibus positis* ARMA VIRUMQUE *legas*. 8,55[56] (Z. 19-20). Statius, Silvae 2,7,74. Vgl. Sueton, De Poetis, V. Luc. und die Auflistung in der VSD §17-8, in der nur ein Teil der in der *Appendix* gesammelten Gedichte Vergil zugeschrieben wird: *poeticam puer adhuc auspicatus in Ballistam ludi magistrum ... distichon fecit ... deinde catale<p>ton et priapea et epigrammata et diras, item cirim et culicem, cum esset annorum X<X>VI ... scripsit etiam, de qua ambigitur, Aetnam*. Servius, Aen. 1 Prooem. nennt *Cirin Aetnam Culicem Priapeia Catalepton Epigrammata Copam Diras*. Die Diskussion über die Autorschaft und Datierung des *Culex* will nicht abebben. Vgl. die Übersicht bei Güntzschel, *Beiträge* S. 241-57 und insbesondere die Mahnungen bei Klopsch, *Culex*.

[37] Im Grabepigramm könnte sich demnach der Begriff *rura* sowohl hierauf als auch auf die *Georgica* beziehen. Möglich wäre allerdings auch, daß ein kleineres Werk zugunsten der Hauptwerke ungenannt blieb.

[38] Grundproblem des Dichters des *Culex* ist offenbar die Unsicherheit der Gegenwart im allgemeinen oder seines Lebens im speziellen (*Culex* 8-9: *posterius graviore sono tibi Musa loquetur nostra, dabunt cum securos mihi tempora fructus*, vgl. auch *Culex* 79-85), so daß man an die Bürgerkriegszeit denken mag. Unsicher ist, ob der in *Culex* 1 und 25 angesprochene Octavius

Kronzeuge für eine Publikation der *Bucolica* (in ihrer heute erhaltenen Fassung) in den 30er Jahren gelten.

Fassen wir zusammen! Nur vier *Eclogen* Vergils gelten in der modernen Forschung als absolut datierbar: nach traditioneller Ansicht scheinen Ecl. 9 und 1 um 42-40 v. Chr. entstanden zu sein, Ecl. 4 um 40 sowie Ecl. 8 um 39 oder eher noch 35.[39] Die Entstehungszeit der übrigen Stücke orientiert sich an anderen Kriterien, etwa an den Selbstzitaten Vergils.[40] Nun sind jedoch drei Aspekte zu bedenken:

Erstens gibt es keinen Anlaß für die weitverbreitete Annahme, daß Vergil ausschließlich zeitgenössische Ereignisse thematisiert, etwa indem seine Gedichte als „spontane" Reaktionen des Dichters auf die Landenteignungen der Triumvirn, den Consulat des Pollio (und Varus) oder gar den Pakt von Brundisium angesehen werden. Im Falle des Horaz etwa wissen wir, daß die Sammlung der ersten drei Bücher der *Carmina* im Jahre 23 veröffentlicht worden ist.[41] Und dennoch finden wir Gedichte, die aus der Perspektive des Jahres 23 in der Vergangenheit angesiedelt sind: etwa das *Carmen* 1,29, das die Situation zu Beginn des Arabienfeldzuges des Aelius Gallus (ca. 26/25) wiedergibt, ohne daß zu klären wäre, wann dieses Gedicht entstanden ist: allein der Zeitpunkt der Veröffentlichung ist mit einiger Wahrscheinlichkeit festzumachen. Dies bedeutet, daß auch Vergil die *Bucolica* keineswegs im unmittelbaren Anschluß an das berichtete Geschehen veröffentlicht haben muß, und so bleibt durchaus unsicher, ob sie in der Tat zu dem Zeitpunkt geschrieben wurden, den der Dichter vorgibt. Wenn daher Vergil in der sicher an Octavian gerichteten 8. *Ecloge* von einer zeitgleichen militärischen Unternehmung des namentlich unge-

---

mit dem für die 30er Jahre bei Horaz, Sat. 1,10,82[90] erwähnten *Octavius optimus* zu identifizieren ist. Sein Tod wird in *Catalepton* 11 beklagt.

[39] Schmidt, *Chronologie* S. 22. Clausen, *Theocritus* S. 309. Vgl. Büchner, *Vergilius* Sp. 232-3.

[40] Vgl. die Analyse der „relativen Chronologie" bei Schmidt, *Chronologie* S. 22-7.

[41] Vgl. Nisbet/Hubbard, *Commentary* S. xxxv-xxxvii.

nannten Adressaten gegen die Illyrer redet (8,6-8: *seu magni superas iam saxa Timavi sive oram Illyrici legis aequoris – en erit umquam ille dies, mihi cum liceat tua dicere facta?*), muß dies nicht heißen, daß Vergil diese Zeilen gleichzeitig mit dem Feldzug (Octavians) des Jahres 35 geschrieben oder publiziert hat. Die Anspielungen auf zeitgeschichtliche Ereignisse können zunächst nur als *Termini post quem* für die Veröffentlichung gewertet werden. Als *Terminus ante quem* ist für die *Bucolica* lediglich der Tod des Gallus (27/26) wahrscheinlich zu machen, so daß sich für die Veröffentlichung im Grundsatz der Zeitraum zwischen ca. 35 und 27/26 ergibt.

Zweitens weist gerade die 4. *Ecloge* massive inhaltliche Probleme für ihre Interpretation auf, wenn man sie in die Zeit vor den Sieg Octavians über Antonius versetzen will. Vielmehr drängt sich der Eindruck auf, daß sie erst dann voll verständlich wird, wenn man sie aus der Perspektive eines Zeitgenossen liest, der die Schlacht von Actium (31), die Einnahme von Alexandrien (30) und die ersten Schritte Octavians zur Begründung der Alleinherrschaft bereits erlebt hat. Auch die 1. und die 9. *Ecloge* wären m.E. leichter zu interpretieren, wenn man ihre Entstehung in die frühe Prinzipatszeit verlegt. Vergil hätte in den *Bucolica* – wenn sich dieser Verdacht erhärten sollte – seine Leser aus der bereits Wirklichkeit gewordenen Prinzipatszeit in die Vergangenheit der 30er Jahre versetzt und ihnen die Illusion gegeben, als *vates* auf das vermeintlich kommende Glück der Alleinherrschaft Octavians zu deuten. Bei diesem literarischen Kunstgriff konnte er auf hellenistische Vorbilder zurückgreifen.[42]

Drittens mag es sich vereinzelt so verhalten, daß Vergil versteckte Anspielungen auf „wirklich“ zeitgenössische Ereignisse bringt, so vielleicht in der 10. *Ecloge* einen Hinweis auf die ägyptische Präfektur des Cornelius Gallus (29-27/26) oder in der 4. *Ecloge* einen Bezug auf den fertiggestellten Apollo-Tem-

---

[42] Ein ähnliches Verfahren ist in der *Alexandra* des Lycophron (Anfang 2. Jh. v. Chr.) bezeugt, deren Thema eine vermeintliche Prophezeiung des Troianischen Krieges, der Irrungen des Odysseus und schließlich der Wiederkehr der Troianer in Gestalt der Römer ist.

pel (28) – Anspielungen, die nicht deutlicher sein durften, um die Fiktion einer früheren Entstehung nicht zu zerstören. Fügen sich aber die „datierten“ *Eclogen* 1, 4 und 9 (sowie 10), von denen man bisher ein Entstehungsdatum in den 40er Jahren oder in der ersten Hälfte der 30er Jahre annahm, ideal in den Zeitraum der Jahre 28-27/26, und spricht im Falle der *Eclogen* 8 (Nennung des Illyrienfeldzuges) und 6 (Erwähnung des Varus) nichts gegen eine Veröffentlichung zu späterer Zeit, könnte man versucht sein anzunehmen, daß nicht nur die vorliegende Sammlung der *Eclogen* um 28-27/26 veröffentlicht wurde, sondern daß auch ihre Abfassung oder zumindest ihre Endredaktion etwa in diese Zeit fiel.[43] Was die bisweilen zu lesende Ansicht betrifft, daß Vergil in den 20er Jahren eine um mehrere Gedichte erweiterte Zweitauflage der *Bucolica* herausgab,[44] so würde sie unter diesen Umständen zwar nicht hinfällig werden. Allerdings scheint die Sammlung in diesem Falle so gründlich überarbeitet worden zu sein, daß – aus althistorischer Sicht – keine Spuren einer Erstauflage erkennbar sind. Schon dem antiken Betrachter scheint im übrigen die Annahme einer Publikation in der Zeit nach Actium nicht gänzlich fremd gewesen zu sein.[45] Unklar

[43] Freilich ist unklar, wann Vergil mit der Planung des Werkes oder der Arbeit begann.

[44] Schaper, *Entstehungszeit* S. 792 und 794 unterscheidet eine um 38 veröffentlichte Gruppe von *„sieben rein bukolischen“* Gedichten (Ecl. 1-3, 5, 7-9) von einer um 25 herausgegebenen und um drei weitere Gedichte (Ecl. 4, 6, 10) bereicherten Neuedition. Dagegen nimmt Coleman, *Vergil* S. 14-20 an, eine erste, im Jahre 39 publizierte Gruppe (Ecl. 2-5, 7-8) sei von einer um weitere Stücke (Ecl. 1, 6, 9-10) vermehrten Sammlung zu trennen, die vielleicht nach dem Tod des Gallus herausgegeben worden sei (zuvor vermutete dieser Forscher noch eine Entstehung dieser Gruppe zwischen 38 und 36: Coleman, *Modes* S. 79 Anm. 2).

[45] Bedeutsam ist in diesem Zusammenhang die Beobachtung J. Zetzels, daß auch Servius oder eine seiner Vorlagen einen Bezug der *Bucolica* auf die Zeit um die Schlacht von Actium (31) angenommen haben muß. Vgl. Servius, Ecl. 3,96 (*„ego omnes lavabo“, id est purgabo omnes apud Caesarem, cum de Actiaco proelio reversus fuerit*). 4,13 (*SCELERIS VESTIGIA N. ... vestigia autem scelerum dicit bella civilia, quae gessit Augustus contra Antonium apud Mutinam, contra L. Antonium autem, fratrem Antonii, apud Perusiam; ... contra Antonium et Cleopatram in Epiro apud Actium promuntorium*).

bleibt bei alledem jedoch, wann der Auftrag Octavians erfolgt war. So besteht durchaus die Möglichkeit, daß Vergil bereits in den 30er Jahren mit der Ausarbeitung begann oder auf bereits vorhandene Vorstudien (oder gar Publikationen?) zurückgriff.

Wenn nun diese Hypothese im Raum steht, müssen wir uns zwei letzten Fragenkomplexen zuwenden: Wir sahen, daß viel dafür spricht, in den *Eclogen* eine Auftragsdichtung Octavians zu sehen – sie sind *iussis carmina coepta tuis* (Ecl. 8,11-2). Gleichzeitig ist Octavian in den *Bucolica* eine zentrale Figur als der kommende Retter und Heilsbringer, aber er bleibt immerhin namentlich ungenannt und taucht zudem nur in drei Gedichten auf: in der 1., 4. und 8. *Ecloge*. So erscheinen die *Bucolica* Vergils als lediglich „peripher" auf Octavian bezogen. Warum stellte Vergil seinen *deus* nicht stärker in den Vordergrund, wenn es sich doch um einen Auftrag handelte?

Die Antwort hierauf liegt wohl in den seinerzeit als verwerflich beurteilten Aspekten der Aktivitäten Octavians während der Jahre 44-31, die in den *Eclogen* nicht konkret angedeutet werden, so daß sie sich nur demjenigen Leser voll erschließen, der über das Wissen eines Zeitgenossen oder zusätzliche Hintergrundinformationen verfügt. Hat Vergil Octavians Auftrag zu seiner Zufriedenheit ausgeführt, wie wir annehmen müssen,[46] dann scheint es Octavians Absicht gewesen zu sein, politische

---

9,67 (*CUM VENERIT IPSE vel Vergilius, cuius adventu sperabat securitatem: vel ipse Augustus, qui Actiacis bellis fuerat occupatus*). Vgl. 3,74. 9,11. Zetzel, *Servius* S. 141-2. Allerdings wertet Zetzel dies als chronologischen Fehler: *„For a modern scholar ... such an error would be appalling"*. Vgl. auch Servius auct., Ecl. 4,20: *COLOCASIA hanc herbam videri vult in honorem Augusti crevisse: quae Romae post devictam ab eo Aegyptum innotuit*. Auch im Vergil-Kommentar des (sog.) Probus scheint angedeutet zu werden, Vergil habe die *Bucolica* erst im Anschluß an die Schlacht von Actium geschrieben: Probi qui dicitur Comm. in Verg. Buc. S. 327-8. Der Kommentator scheint auch die Konfiskation transpadanischen Gebiets um Cremona und Mantua durch Octavian in die Zeit nach Actium zu verlegen, weil *Italiae ... civitatibus diversas partes sequentibus Cremonenses et Mantuani neutri sunt auxiliati*.

[46] Hierfür spricht, daß er auch in der Folgezeit – mit der Ausarbeitung der *Georgica* und der *Aeneis* – für derartige Zwecke „eingesetzt" wurde.

Dichtung entstehen zu lassen, die seinen Weg vom Erben Caesars zum Monarchen – gewissermaßen seinen *adventus* oder seine Epiphanie – nachzeichnen und die Schaffung des Prinzipats als Akt der Rettung Roms begreiflich machen sollte. Eine fiktive Prophezeiung des zukünftigen Heils vor der Szenerie der Jahre unmittelbar nach Caesars Tod mochte hierbei besonders eindrucksvoll wirken. Daß dieser Auftrag ein propagandistisches Problem darstellte, mußte dem Sieger von Actium ebenso wie dem beauftragten Dichter klar sein. Denn wie sollte man einen Mann als Erlöser feiern, dessen bisweilen brutale Aktivitäten als Triumvir allgemein bekannt waren: etwa seine Rolle als rücksichtsloser Enteigner italischen Bauernlandes und „Schlächter von Perusia", der den um Gnade Flehenden entgegnet habe *moriendum esse* (Sueton, Aug. 15)? Vergil scheint diese Aufgabe in verhältnismäßig geschickter Weise dadurch gelöst zu haben, daß er mit den Konfiskationen eines der Probleme der Bürgerkriegszeit ansprach, ohne es „kausal" an Octavian festzumachen und ihn als Urheber des Unglücks zu brandmarken. So ist in der 1. *Ecloge* der *puer* Tityrus vom *iuvenis* und *deus* (Octavian) begünstigt worden und darf auf seiner Scholle bleiben, während der Urheber der Enteignung, unter der Meliboeus leidet (vielleicht ebenfalls Octavian), nicht genannt wird. Kurzum: der Octavian der 40er oder 30er Jahre konnte wohl kaum anders als in dieser „maßvollen" Weise gefeiert werden, ohne bei den von ihm Geschädigten Anstoß zu erregen. Ein reiner Tatenbericht in Form einer epischen Dichtung ist wohl zu diesem Zeitpunkt nicht Gegenstand der Planung Vergils gewesen – der Dichter deutet jedenfalls zweimal selbst in den *Bucolica* an, daß er sich dies zu späterer Zeit vornehmen wolle (*tua dicere facta* Ecl. 4,54 und 8,8).

Wie paßt Thema und Stimmung der *Bucolica* zu der historischen Situation der Jahre 28-27/26 – dem nach unserer Hypothese anzunehmenden Erscheinungsdatum? War nicht die römische Öffentlichkeit der Bürgerkriegszeit überdrüssig und konnte sie für derartige Propaganda überhaupt empfänglich sein? Hierbei drängt sich ein Blick auf die zeitgleichen Maßnahmen Octavians auf: in die Jahre 28-26 fällt die erste Phase der eigentlichen Gründung des Prinzipats. Nach diversen vorbereitenden Maßnahmen (einer Neuordnung des Senats und der Annullierung der nicht gesetzeskonformen Entscheidungen der Triumviratszeit) gab er in den Senatssitzungen vom Januar 27 offiziell das „Staatswesen" an den Senat und das römische Volk zurück,[47] bekleidete jedoch weiterhin jährlich das Amt eines Consuls, das durch besondere Rechte erweitert war, und nahm neben anderen Ehren den Augustus-Namen an.[48] Daß die Veröffentlichung der *Bucolica* Vergils nach unserer Vermutung zeitlich in etwa mit der nominellen Wiederherstellung der *libera res publica* und der ersten verfassungsrechtlichen Neudefinition der Position Octavians zusammenfällt, dürfte kein Zufall sein. Die *Bucolica* würden mit der Herausstellung der „künftigen" Retterfunktion Octavians ideal zu dieser Phase der Stabilisierung des Prinzipats passen.

---

[47] Augustus, R.G. 34: *In consulato sexto et septimo, po[stquam b]ella [civil]ia exstinxeram, per consensum universorum [potitus? reru]m om[n]ium rem publicam ex mea potestate in senat[us populique Rom]ani [a]rbitrium transtuli.*

[48] Über den staatsrechtlichen Charakter seiner Stellung wird noch immer heftig diskutiert. Ich folge Girardet, *Imperium* S. 191-5. Vgl. allgemein Kienast, *Augustus* S. 78-98.

6. Literaturverzeichnis

Albert, *Bild* = Albert, R., Das Bild des Augustus auf den frühen Reichsprägungen (Schriftenreihe der numismatischen Gesellschaft Speyer e.V. 21), Speyer 1981

v. Albrecht, *Poesie* = v. Albrecht, M., Römische Poesie: Texte und Interpretationen, Tübingen – Basel ²1995

Alföldi, *Weltenherrscher* = Alföldi, A., Der neue Weltenherrscher der vierten Ekloge Vergils, ND in: Saeculum Augustum, Bd. 2, hg. von Binder, G. (Wege der Forschung 512), Darmstadt 1988, S. 197-215

Alföldy, *Obelisk* = Alföldy, G., Der Obelisk auf dem Petersplatz in Rom (Sitzungsberichte der Heidelberger Akademie der Wissenschaften, philosophisch-historische Klasse 1990,2), Heidelberg 1990

Anderson, *Gallus* = Anderson, W.B., Gallus and the Fourth *Georgic*, in: The Classical Quarterly 27 (1933), S. 36-45

Anderson/Parsons/Nisbet, *Elegiacs* = Anderson, R.D./Parsons, P.J./Nisbet, R.G.M., Elegiacs by Gallus from Qasr Ibrîm, in: The Journal of Roman Studies 69 (1979), S. 125-55

Badian, *„Crisis Theories“* = Badian, E., „Crisis Theories“ and the Beginning of the Principate, in: Romanitas-Christianitas, hg. von Wirth, G. u.a., Berlin – New York 1982, S. 18-41

Barker, *Age* = Barker, D., „The Golden Age is Proclaimed“? The *Carmen Saeculare* and the Renascence of the Golden Race, in: The Classical Quarterly 90 N.S. 46 (1996), S. 434-46

Becker, *Eklogenbuch* = Becker, C., Virgils Eklogenbuch, in: Hermes 83 (1955), S. 314-49

Bellen, *AEGVPTO* = Bellen, H., AEGVPTO CAPTA. Die Bedeutung der Eroberung Ägyptens für die Prinzipatsideologie, in: Politische Ideen auf Münzen, hg. von Albert, R. (Schriftenreihe der numismatischen Gesellschaft Speyer e.V. 31), Speyer 1991, S. 33-59

Bengtson, *Strategie* = Bengtson, H., Die Strategie in der hellenistischen Zeit, Bd. 2 (Münchener Beiträge zur Papyrusforschung und antiken Rechtsgeschichte 32), München 1944

Berkowitz, *Pollio* = Berkowitz, L., Pollio and the Date of the Fourth *Eclogue*, in: California Studies in Classical Antiquity 5 (1972), 21-38

Bernand, *inscriptions* = Bernand, É., Les inscriptions grecques et latines de Philae, Bd. 2, Paris 1969

Bethe, *Vergilstudien* = Bethe, E., Vergilstudien II. Zur ersten, neunten und achten Ecloge, in: Rheinisches Museum für Philologie N.F. 47 (1892), S. 577-96

Bianchetti, *Aethiopes* = Bianchetti, S., *Aethiopes* in Africa: aspetti della storia di un nome, in: L'Africa romana, hg. von Mastino, A. (Pubblicazioni del Dipartimento di Storia dell'Università degli Studi di Sassari 18), Sassari 1991, S. 117-25

Binder, *Lied* = Binder, G., Lied der Parzen zur Geburt Octavians, in: Gymnasium 90 (1983), S. 102-22

Binder, *Herrschaftskritik* = Binder, G., Herrschaftskritik bei römischen Autoren. Beispiele eines seltenen Phänomens, in: Affirmation und Kritik: zur politischen Funktion von Kunst und Literatur im Altertum, hg. von Binder, G./Effe, B. (Bochumer altertumswissenschaftliches Colloquium 20), Trier 1995, S. 125-64

Binder, *Grenzüberschreitungen* = Binder, G., Grenzüberschreitungen: Von Rom nach Arkadien, vom Mythos zur Geschichte, in: Lampas 28 (1995), S. 82-101

Blänsdorf, *Fragmenta* = Fragmenta poetarum latinorum epicorum et lyricorum, editionem tertiam auctam curavit Jürgen Blänsdorf, Stuttgart – Leipzig 1995

Bosworth, *Asinius* = Bosworth, A.B., Asinius Pollio and Augustus, in: Historia 21 (1972), S. 441-73

Botrè/Hurter, *Transition* = Botrè, C./Hurter, S., The Transition of Rome from Republic to Empire, in: Schweizer Münzblätter 50 (2000), S. 41-2

Boucher, *Cornélius* = Boucher, J.-P., Caius Cornélius Gallus (Bibliothèque de la Faculté des Lettres de Lyon 11), Paris 1966

Bowersock, *Date* = Bowersock, G.W., A Date in the *Eighth Eclogue*, in: Harvard Studies in Classical Philology 75 (1971), S. 73-80

Bowersock, *Addressee* = Bowersock, G.W., The Addressee of the Eighth Eclogue: a Response, in: Harvard Studies in Classical Philology 82 (1978), S. 201-2

Bresciani, *rilettura* = Bresciani, E., La stele trilingue di Cornelio Gallo: una rilettura egittologica, in: Egitto e Vicino Oriente 12 (1989), S. 93-8

Bresciani, *stele* = Bresciani, E., La stele trilingue di Cornelio Gallo: una rilettura, in: Roma e l'Egitto nell'antichità classica, Rom 1992, S. 99-102

Brunt, *Manpower* = Brunt, P.A., Italian Manpower 225 B.C. – A.D. 14, Oxford 1971

Buchheit, *Vergil* = Buchheit, V., Der frühe Vergil und Oktavian, in: Symbolae Osloenses 65 (1990). S. 53-62

Büchner, *Vergilius* = Büchner, K., P. Vergilius Maro (RE-Separatdruck), Stuttgart 1956

Burck, *Horaz* = Burck, E., Rezension *Kraggerud, E., Horaz und Actium, Studien zu den politischen Epoden (Sympolae Osloenses, Fasc. Supplet. 26), Oslo u.a. 1984*, in: Gnomon 58 (1986), S. 15-21

Burstein, *Cornelius* = Burstein, S.M., Cornelius Gallus and Aithiopia, ND in: ders., Graeco-Africana, New Rochelle 1995, S. 165-73

Cahn, *Münzbild* = Cahn, H.A., Zu einem Münzbild des Augustus, in: Museum Helveticum 1 (1944), S. 203-8

Carcopino, *Virgile* = Carcopino, J., Virgile et le mystère de la IVe églogue, Paris 1943

Càssola, *colonizzazione* = Càssola, F., La colonizzazione romana della Transpadana, in: Die Stadt in Oberitalien und in den nordwestlichen Provinzen des Römischen Reiches, hg. von Eck, W./Galsterer, H. (Kölner Forschungen 4), Mainz 1991, S. 17-44

Cavalieri Manasse, *documento* = Cavalieri Manasse, G., Un documento catastale dell'agro centuriato veronese, in: Athenaeum N.S. 88 (2000), 5-48

Charlesworth, *Fragments* = Charlesworth, M.P., Some Fragments of the Propaganda of Mark Antony, in: The Classical Quarterly 27 (1933), S. 172-7

Chouquer/Clavel-Lévêque/Favory/Vallat, *Structures* = Chouquer, G./Clavel-Lévêque, M./Favory, F./Vallat, J.-P., Structures agraires en Italie centro-méridionale (Collection de l'École Française de Rome 100), Rom 1987

CIL = Corpus Inscriptionum Latinarum, Berlin 1862ff.

Clausen, *Date* = Clausen, W., On the Date of the *First Eclogue*, in: Harvard Studies in Classical Philology 76 (1972), S. 201-5

Clausen, *Theocritus* = Clausen, W.V., Theocritus and Virgil, in: The Cambridge History of Classical Literature, Bd. 2, hg. von Kenney, E.J./Clausen, W.V., Cambridge u.a. 1982, S. 301-19

Clausen, *Commentary* = Clausen, W., A Commentary on Virgil *Eclogues*, Oxford 1994

Clausen, *Eclogue* = Clausen, W., Virgil's Messianic Eclogue, in: Poetry and Prophecy, hg. von Kugel, J.L., Ithaca – London 1990, S. 65-74

Clauss, *Deus* = Clauss, M., *Deus praesens*. Der römische Kaiser als Gott, in: Klio 78/2 (1996), S. 400-33

Clauss, *Kaiser* = Clauss, M., Kaiser und Gott, Stuttgart – Leipzig 1999

Coleiro, *Introduction* = Coleiro, E., An Introduction to Vergil's Bucolics with a Critical Edition of the Text, Amsterdam 1979

Coleman, *Gallus* = Coleman, R., Gallus, the Bucolics, and the Ending of the Fourth Georgic, in: American Journal of Philology 83 (1962), S. 55-71

Coleman, *Modes* = Coleman, R., Vergil's Pastoral Modes, in: Ancient Pastoral, hg. von Boyle, A.J., Victoria 1975, S. 58-80

Coleman, *Vergil* = Coleman, R., Vergil Eclogues, Cambridge u.a. 1977

Collins, *Seers* = Collins, J.J., Seers, Sybils and Sages in Hellenistic-Roman Judaism (Supplements to the Journal for the Study of Judaism 54), Leiden u.a. 1997

Coppola, *Asinio* = Coppola, A., Asinio Pollione poeta. Nota a Verg. *Ecl.* 8,6-10, in: Rivista di Filologia e di Istruzione Classica 126 (1998), S. 170-4

Corssen, *Ekloge* = Corssen, P., Die vierte Ekloge Virgils, in: Philologus 81 (1926), S. 26-71

Courtney, *Poets* = Courtney, E., The Fragmentary Latin Poets, Oxford 1993

Crawford, *Coinage* = Crawford, M.H., Roman Republican Coinage, 2 Bde., Cambridge 1974

Daly, *Affair* = Daly, L.J., The Gallus Affair and Augustus' *lex Iulia maiestatis*: a Study in Historical Chronology and Causality, in: Studies in Latin Literature and Roman History, Bd. 1, hg. von Deroux, C. (Collection Latomus 164), Brüssel 1979, S. 289-311

de Callataÿ, *tétradrachmes* = de Callataÿ, F., Les tétradrachmes d'Orodès II et de Phraate IV (Studia Iranica, Cahier 14), Paris 1994

de Callataÿ, *géographie* = de Callataÿ, G., La géographie zodiacale de Manilius (*Astr.* 4,744-817), avec une note sur l'*Énéide* virgilienne, in: Latomus 60 (2001), S. 35-66

Dehon, *cadre* = Dehon, P.-J., Le cadre des plaintes de Gallus (Virg., *B.*, X,9-69), in: Latomus 50 (1991), S. 364-70

Della Corte, *„proanafonesi"* = Della Corte, F., La *„proanafonesi"* della IV egloga, ND in: ders., Opuscula IX (Pubblicazioni dell'Istituto di Filologia Classica e Medievale 87), Genua 1985, S. 7-16

Demandt, *Zeitenwende* = Demandt, A., Zeitenwende unter Augustus. Zum Ursprung einer Idee, in: Die Wehen des Messias, hg. von Brugger, E./Keil, M., Berlin – Wien 2001, S. 11-30

Dessau, *Geschichte* = Dessau, H., Geschichte der römischen Kaiserzeit, Bd. 1, Berlin 1924

Desy, *Valeur* = Desy, Ph., De ἀπόλεμος à *imbellis*. Valeur militaire et interprétation virgilienne, in: Les Études Classiques 65 (1997), S. 117-36

Dettenhofer, *Herrschaft* = Dettenhofer, M.H., Herrschaft und Widerstand im augusteischen Prinzipat (Historia, Einzelschriften 140), Stuttgart 2000

Di Stefano Manzella, *Augusto* = Di Stefano Manzella, I., Augusto e *Aulus Gessius* (e *C. Cornelius Gallus?*) in due nuovi frammenti epigrafici sull'evergetismo edilizio (*CIL*, VI, 40304), in: Monumenti Musei e Gallerie Pontificie, Bollettino 16 (1996), S. 43-63

Doblhofer, *Horaz* = Doblhofer, E., Horaz in der Forschung nach 1957 (Erträge der Forschung 279), Darmstadt 1992

Drew, *Eclogue* = Drew, D.L., Virgil's Fifth Eclogue: A Defence of the Julius Caesar – Daphnis Theory, in: The Classical Quarterly 16 (1922), S. 57-64

Drew, *Temple* = Drew, D.L., Virgil's Marble Temple: *Georgics* III. 10-39, in: The Classical Quarterly 18 (1924), S. 195-202

Drexler, *Epode* = Drexler, H., Zur 16. Epode und 4. Ecloge, in: Maia 16 (1964), S. 176-203

Du Quesnay, *Fourth Eclogue* = Du Quesnay, I.M. Le M., Vergil's Fourth *Eclogue*, in: Papers of the Liverpool Latin Seminar [1] 1976, hg. von Cairns, F. (ARCA Classical and Medieval Texts, Papers and Monographs 2), Liverpool 1977, S. 25-99

Du Quesnay, *First Eclogue* = Du Quesnay, I.M. Le M., Vergil's First *Eclogue*, in: Papers of the Liverpool Latin Seminar 3 (1976), hg. von Cairns, F. (ARCA Classical and Medieval Texts, Papers and Monographs 7), Liverpool 1981, S. 29-182

Du Quesnay, *Horace* = Du Quesnay, I.M. Le M., Horace and Maecenas. The Propaganda Value of *Sermones* I, in: Poetry and Politics in the Age of Augustus, hg. von Woodman, T./West, D., Cambridge u.a. 1984, S. 19-58

Effe/Binder, *Hirtendichtung* = Effe, B./Binder, G., Antike Hirtendichtung, Düsseldorf – Zürich [2]2001

Eide/Hägg/Pierce/Török, *Fontes* = Eide, T./Hägg, T./Pierce, R.H./Török, L., Fontes Historiae Nubiorum, Bd. 2, Bergen 1996

Eisenhut, *damnatio* = Eisenhut, W., Die angebliche damnatio memoriae des Cornelius Gallus, in: Festschrift Robert Werner, hg. von Dahlheim, W. u.a. (Xenia 22), Konstanz 1989, S. 117-124

Farrell, *Asinius* = Farrell, J., Asinius Pollio in Vergil *Eclogue* 8, in: Classical Philology 86 (1991), S. 204-11

Feldman, *Pollio* = Feldman, L.H., Asinius Pollio and His Jewish Interests, ND in: ders., Studies in Hellenistic Judaism (Arbeiten zur Geschichte des antiken Judentums und des Urchristentums 30), Leiden u.a. 1996, S. 37-44

Felgentreu, *Horaz* = Felgentreu, F., Horaz, *Satiren* I,8 und die Vielfalt der Einfalt, in: Hyperboreus 5 (1999), S. 257-82

Fishwick, *Cult* = Fishwick, D., The Imperial Cult in the Latin West, Bd. 1,1 (Études Préliminaires aux Religions Orientales dans l'Empire Romain 108), Leiden u.a. 1987

Flach, *Abfassungszeit* = Flach, H., Über die Abfassungszeit der zehnten Ecloge des Vergilius, in: Neue Jahrbücher für Philologie und Paedagogik 119 = Jahrbücher für Classische Philologie 25 (1879), S. 791-8

Fraenkel, *Horace* = Fraenkel, E., Horace, Oxford 1957

Frank, *Eclogue* = Frank, T., Vergil's First *Eclogue* and the Migration to Africa, in: The Classical Review 40 (1926), S. 15-6

Fredericksmeyer, *Octavian* = Fredericksmeyer, E.A., Octavian and the Unity of Virgil's First Eclogue, in: Hermes 94 (1966), S. 208-18

Gabba, *War* = Gabba, E., The Perusine War and Triumviral Italy, in: Harvard Studies in Classical Philology 75 (1971), S. 139-60

Gagé, *Priesterämter* = Gagé, J., Die Priesterämter des Augustus und seine religiösen Reformen, ND (übersetzt) in: Saeculum Augustum, Bd. 2, hg. von Binder, G. (Wege der Forschung 512), Darmstadt 1988, S. 52-87

Gagé, *Apollon* = Gagé, J., Apollon romain (Bibliothèque des écoles françaises d'Athènes et de Rome 182), Paris 1955

Galinsky, *Culture* = Galinsky, K., Augustan Culture, Princeton 1996

Gall, *Technik* = Gall, D., Zur Technik von Anspielung und Zitat in der römischen Dichtung: Vergil, Gallus und die Ciris (Zetemata 100), München 1999

Geraci, *Genesi* = Geraci, G., Genesi della provincia romana d'Egitto (Studi di storia antica 9), Bologna 1983

Gibson, *Horace* = Gibson, B.J., Horace, *Carm.* 3.30.1-5, in: The Classical Quarterly 91 N.S. 47 (1997), S. 312-4

Girardet, *Edikt* = Girardet, K.M., Das Edikt des Imperator Caesar in Suetons Augustusvita 28,2. Politisches Programm und Publikationszeit, in: Zeitschrift für Papyrologie und Epigraphik 131 (2000), S. 231-43

Girardet, *Imperium* = Girardet, K.M., Imperium ‚Maius'. Politische und verfassungsrechtliche Aspekte. Versuch einer Klärung, La révolution romaine après Ronald Syme. Bilans et perspectives, hg. von Paschoud, F. u.a. (Entretiens sur l'antiquité classique 46), Vandœuvres – Genf 2000, S. 167-227

Glei, *Vater* = Glei, R.F., Der Vater aller Dinge (Bochumer Altertumswissenschaftliches Colloquium 7), Trier 1991

Glei, *Show* = Glei, R.F., The Show Must Go On: the Death of Marcellus and the Future of the Augustan Principate, in: Vergil's *Aeneid*: Augustan Epic and Political Context, hg. von Stahl, H.-P., London – Swansea 1998, S. 119-34

Gosling, *Octavian* = Gosling, A., Octavian, Brutus and Apollo: A Note on Opportunist Propaganda, in: American Journal of Philology 107 (1986), S. 586-9

Green, *Octavian* = Green, R.P.H., Octavian and Vergil's Eclogues, in: Euphrosyne N.S. 24 (1996), S. 225-36

Greene, *Identity* = Greene, E., Gender Identity and the Elegiac Hero in Propertius 2.1, in: Arethusa 33 (2000), S. 241-61

Griffin, *Georgic* = Griffin, J., The Fourth *Georgic*, Virgil, and Rome, in: Greece & Rome 2. Ser. 26 (1979), S. 61-80

Grimal, *églogue* = Grimal, P., La «V[e] églogue» et le culte de César, ND in: ders., Rome, la littérature et l'histoire, Bd. 2 (Collection de l'École Française de Rome 93), Rom 1986, S. 797-808

Grimal, *livre* = Grimal, P., Le livre VI de l'«Énéide» et son actualité en 23 av. J.-C., ND in: ders., Rome, la littérature et l'histoire, Bd. 2 (Collection de l'École Française de Rome 93), Rom 1986, S. 821-41

Grimm, *Antonius* = Grimm, G., Zu Marcus Antonius und C. Cornelius Gallus, in: Jahrbuch des Deutschen Archäologischen Instituts 85 (1970), S. 158-70

Gruen, *Augustus* = Gruen, E.S., Augustus and the Ideology of War and Peace, in: The Age of Augustus, hg. von Winkes, R. (Archaeologia Transatlantica 5), Providence – Louvain-la-Neuve 1985, S. 51-72

Güntzschel, *Beiträge* = Güntzschel, D., Beiträge zur Datierung des Culex (Orbis Antiquus 27), Münster 1972

Gurval, *Actium* = Gurval, R.A., Actium and Augustus, Ann Arbor 1995

Halfmann, *Itinera* = Halfmann, H., Itinera principum (Heidelberger Althistorische Beiträge und Epigraphische Studien 2), Stuttgart 1986

Hanslik, *Nachlese* = Hanslik, R., Nachlese zu Vergils Eclogen 1 und 9, in: Wiener Studien 68 (1955), S. 5-19

Hardie, *iuvenis* = Hardie, C., Der *iuvenis* der Ersten Ekloge, in: Der altsprachliche Unterricht 24,5 (1981), S. 17-28

Hardie, *Virgil* = Hardie, Ph., Virgil (Greece & Rome, New Surveys in the Classics 28), Oxford 1998

Hartke, *Kinderkaiser* = Hartke, W., Römische Kinderkaiser, Berlin 1951

Heinen, *Begründung* = Heinen, H., Zur Begründung des römischen Kaiserkultes, in: Klio 11 (1911), S. 129-77

Herrmann, *masques* = Herrmann, L., Les masques et les visages dans les Bucoliques de Virgile, ND Paris 1952

Hinrichs, *Landversprechen* = Hinrichs, F.T., Das legale Landversprechen im Bellum Civile, in: Historia 18 (1969), S. 521-44

Hoff, *Augustus* = Hoff, M.C., Augustus, Apollo, and Athens, in: Museum Helveticum 49 (1992), S. 223-32

Hölscher, *Reliefs* = Hölscher, T., Historische Reliefs, in: Kaiser Augustus und die verlorene Republik (Ausstellungskatalog Antikenmuseum Berlin), Berlin 1988, S. 351-98

Hommel, *Gedicht* = Hommel, H., Vergils „messianisches" Gedicht, ND (mit Nachträgen) in: ders., Sebasmata, Bd. 1 (Wissenschaftliche Untersuchungen zum Neuen Testament 31), Tübingen 1983, S. 267-333

Horsfall, *Collectanea* = Horsfall, N., Rezension *Wimmel, W., Collectanea, hg. von Kubusch, K., Stuttgart 1987*, in: Rivista di Filologia e di Istruzione Classica 119 (1991), S. 354-7

Huttner, *Antonius* = Huttner, U., Marcus Antonius und Herakles, in: Rom und der Griechische Osten (FS H.H. Schmitt), hg. von Schubert, Ch. u.a., Stuttgart 1995, S. 103-12

ILS = Inscriptiones Latinae selectae, hg. von H. Dessau, Vol. 1-3, Berlin 1892-1916

Jachmann, *Ekloge* = Jachmann, G., Die vierte Ekloge Vergils, in: Annali della Scuola Normale Superiore di Pisa, Lettere, Storia e Filosofia (Ser. 2) 21 (1952), S. 13-62

Jachmann, *Technik* = Jachmann, G., Die dichterische Technik in Vergils Bukolika, ND in: ders., Ausgewählte Schriften, hg. von Gnilka, Ch. (Beiträge zur klassischen Philologie 128), Königstein 1981, S. 303-22

Jacobson, *Aristaeus* = Jacobson, H., Aristaeus, Orpheus, and the *Laudes Galli*, in: American Journal of Philology 105 (1984), S. 271-300

Johnson, *Sympotica* = Johnson, T.S., Sympotica Horatiana: Problems of Artistic Integrity, in: Philologus 141 (1997), S. 321-37

Kaufhold, *Look* = Kaufhold, Sh. D., A Look *Back* at Propertius 4.1.150, in: Eranos 94 (1996), S. 29-33

Keppie, *Vergil* = Keppie, L., Vergil, the Confiscations, and Caesar's Tenth Legion, in: The Classical Quarterly 75 N.S. 31 (1981), S. 367-70

Keppie, *Colonisation* = Keppie, L., Colonisation and Veteran Settlement in Italy 47-14 B.C., Rom 1983

Kienast, *Augustus* = Kienast, D., Augustus, Darmstadt [3]1999

Kiessling/Heinze, *Satiren* = Kiessling, A., Q. Horatius Flaccus, Satiren, achte Auflage erneuert von Heinze, R., Berlin 1961

Klebs/Jörs, *Alfenus* = Klebs, E./Jörs, P., Art. „Alfenus" Nr. 8, in: RE 1,2 (1894), Sp. 1472-4

Klingner, *Ekloge* = Klingner, F., Virgils erste Ekloge, ND in: ders., Studien zur griechischen und römischen Literatur, Zürich – Stuttgart, S. 225-46

Klopsch, *Culex* = Klopsch, E., Der Culex. Eine Neu-Orientierung zur Echtheitsfrage, in: Festschrift für Paul Klopsch, hg. von Kindermann, U. u.a. (Göppinger Arbeiten zur Germanistik 492), Göppingen 1988, S. 207-32

Köhnken, *carmina* = Köhnken, A., ‚Sola ... tua carmina' (Vergil, Ecl. 8,9f.), in: Würzburger Jahrbücher für die Altertumswissenschaft N.F. 10 (1984), S. 77-90

Koster, *Tod* = Koster, S., Cum Gallus amore peribat. Der Tod des praefectus Aegypti im Spiegel der 10. Ecloge, in: Das antike Rom und der Osten (FS K. Parlasca), hg. von Börker, Ch./Donderer, M. (Erlanger Forschungen A 56), Erlangen 1990, S. 103-16

Koster, *Vergil* = Koster, S., Vergil und Augustus, in: Pratum Saraviense, Festgabe für P. Steinmetz, hg. von Görler, W./Koster, S., Stuttgart 1990, S. 127-46

Köves-Zulauf, *Apollo* = Köves-Zulauf, Th., Apollo Agyieus: Horaz Carmen 4,6,28, in: Acta Antiqua Academiae Scientiarum Hungaricae 39 (1999), 171-96

Kraggerud, *Horaz* = Kraggerud, E., Horaz und Actium, Studien zu den politischen Epoden (Symbolae Osloenses, Fasc. Supplet. 26), Oslo u.a. 1984

Kraggerud, *Ode* = Kraggerud, E., The Sixth Roman Ode of Horace: Its Date and Function, in: Symbolae Osloenses 70 (1995), S. 54-67

Kraggerud, *Vergil* = Kraggerud, E., Vergil Announcing the *Aeneid.* On *Georgics* 3.1-48, in: Vergil's *Aeneid*: Augustan Epic and Political Context, hg. von Stahl, H.-P., London 1998, S. 1-20

Kraus, *Ekloge* = Kraus, W., Vergils vierte Ekloge: Ein kritisches Hypomnema, in: Aufstieg und Niedergang der Römischen Welt 2,31,1 (1980), S. 604-45

Kroll, *Randbemerkungen* = Kroll, W., Randbemerkungen [XIV.-XV.], in: Rheinisches Museum für Philologie N.F. 64 (1909), S. 50-6

Kroll, *Mevius* = Kroll, W., Art. „Mevius" Nr. 2, in: RE 15,2 (1932), Sp. 1508

Kurfess, *Ekloge* = Kurfess, A., Vergils vierte Ekloge und die Oracula Sibyllina, in: Historisches Jahrbuch 73 (1954), S. 120-7

Kytzler, *Zentren* = Kytzler, B., „In medio mihi Caesar erit" III: Zu den Zentren der Eklogen Vergils, in: Journal of Ancient Civilizations 9 (1994), S. 75-81

Lambrechts, *Politik* = Lambrechts, P., Die „apollinische" Politik des Augustus und der Kaiserkult, ND in: Saeculum Augustum, Bd. 2, hg. von Binder, G. (Wege der Forschung 512), Darmstadt 1988, S. 88-107

Leclercq, *loisir* = Leclercq, R., Le divin loisir (Collection Latomus 229), Brüssel 1996

Leeman, *Form* = Leeman, A.D., Form und Sinn in Vergils erster Ekloge, ND in: ders., Form und Sinn: Studien zur römischen Literatur (Studien zur klassischen Philologie 15), Frankfurt u.a. 1985, S. 161-72

Lefèvre, *Vergil* = Lefèvre, E., Vergil: Propheta retroversus, in: Gymnasium 90 (1983), S. 17-40

Lefèvre, *laudes* = Lefèvre, E., Die *laudes Galli* in Vergils Georgica, in: Wiener Studien 99 N.F. 20 (1986), S. 183-92

Lefèvre, *Horaz* = Lefèvre, E., Horaz, München 1993

Lefèvre, *Parzenlied* = Lefèvre, E., Catulls Parzenlied und Vergils vierte Ekloge, in: Philologus 144 (2000), S. 62-80

Leo, *Vergil* = Leo, F., Vergil und die Ciris, in: Hermes 37 (1902), S. 14-55

Leo, *Ecloge* = Leo, F., Vergils erste und neunte Ecloge, in: Hermes 38 (1903), S. 1-18

Le Rider, *Suse* = Le Rider, G., Suse sous les Séleucides et les Parthes (Mémoires de la mission archéologique en Iran 38), Paris 1965

Liegle, *Tityrusekloge* = Liegle, J., Die Tityrusekloge, in: Hermes 78 (1943), S. 209-31

Lorsch, *Conception* = Lorsch, R.S., Augustus' Conception and the Heroic Tradition, in: Latomus 56 (1997), S. 790-9

Loupiac, *trilogie* = Loupiac, A., La trilogie d'Actium et l'épode IX d'Horace: document historique ou carmen symposiacum, in: Revue des Études Latines 75 (1997), S. 129-40 [vgl. Bulletin de l'Association G. Budé 3 (1998), S. 250-9]

Luther, *Monobiblos* = Ein *Terminus ante quem* für die *Monobiblos* des Properz, *demnächst*

Luther, *Regulus-Ode* = Luther, A., Zur Regulus-*Ode* (Horaz, C. 3,5), *demnächst*

Luther, *Templa* = Luther, A., *Templa deorum fixa* – zum historischen Hintergrund der Gallus-Fragmente aus Qasr Ibrim, *demnächst*

Lyne, *Exchanges* = Lyne, R.O.A.M., Propertius and Tibullus: Early Exchanges, in: The Classical Quarterly 92 N.S. 48 (1998), S. 519-44

Maleuvre, *Violence* = Maleuvre, J.-Y., Violence et ironie dans les *Bucoliques* de Virgile (Collection Textes et Images de l'Antiquité 7), Paris 2000

Mankin, *Addressee* = Mankin, D., The Addressee of Virgil's Eighth Eclogue: a Reconsideration, in: Hermes 116 (1988), S. 63-76

Mankin, *Horace* = Mankin, D., Horace, Epodes, Cambridge 1995

Mannsperger, *Apollon* = Mannsperger, D., Apollon gegen Dionysos. Numismatische Beiträge zu Octavians Rolle als Vindex Libertatis, in: Gymnasium 80 (1973), S. 381-404

Manson, *L'enfant* = Manson, M., L'enfant et l'âge d'or. La IVe Eglogue de Virgile, in: Présence de Virgile, hg. von Chevallier, R. (Caesarodunum 13 bis, Numéro spécial), Paris 1978, S. 49-62

Manuwald, *Cassius Dio* = Manuwald, B., Cassius Dio und Augustus (Palingenesia 14), Wiesbaden 1979

Manzoni, *poeta* = Manzoni, G.E., Foroiuliensis poeta, Mailand 1995

Martin, *L'idée* = Martin, P.M., L'idée de royauté à Rome, Bd. 2 (Miroir des civilisations antiques 2), Clermont-Ferrand 1994

Marx, *Ekloge* = Marx, F., Virgils vierte Ekloge, in: Neue Jahrbücher für das klassische Altertum 1 (1898), S. 105-28

Mattingly/Sydenham, *Coinage* = Mattingly, H./Sydenham, E.A., The Roman Imperial Coinage, Vol. 1, Augustus to Vitellius, ND London 1962

Maurach, *Horaz* = Maurach, G., Horaz: Werk und Leben, Heidelberg 2001

Mazzarino, *epigramma* = Mazzarino, S., Un nuovo epigramma di Gallus e l'antica „lettura epigrafica" (un problema di datazione), in: Quaderni Catanesi 2 (1980), S. 7-50

Mazzarino, *L'iscrizione* = Mazzarino, S., L'iscrizione latina nella trilingue di Philae e i carmi di Gallus scoperti a Qasr Ibrim, in: Rheinisches Museum für Philologie N.F. 125 (1982), S. 312-37

Meulder, *Virgile* = Meulder, M., Virgile n'a-t-il pas écrit da *IVe Bucolique* à la fin de 39 av. J.-C.?, in: Latomus 55 (1996), S. 815-28

Meyer, *Außenpolitik* = Meyer, H.D., Die Außenpolitik des Augustus und die augusteische Dichtung (Kölner Historische Abhandlungen 5), Köln – Graz 1961

Michel, *Virgile* = Michel, A., Virgile et Gallus, in: Virgilio e gli Augustei, hg. von Gigante, M., Neapel 1990, S. 57-68

Möller, *Götterattribute* = Möller, K., Götterattribute in ihrer Anwendung auf Augustus (Wissenschaftliche Schriften im Wissenschaftlichen Verlag Dr. Schulz-Kirchner, Reihe 9, Geschichtswissenschaftliche Beiträge 101), Idstein 1985

Mommsen, *Res Gestae* = Mommsen, Th., Res Gestae Divi Augusti, Berlin ²1883

Mommsen, *libri* = Mommsen, Th., Die libri coloniarum, ND in: ders., Gesammelte Schriften, Bd. 5, Historische Schriften, Bd. 2, Berlin 1908, S. 146-99

Morelli, *Gallo* = Morelli, A.M., Cornelio Gallo: A proposito di un'infinita querelle, in: Atene e Roma N.S. 44 (1999), S. 65-74

Morgan, *Death* = Morgan, D.J., The Death of Cinna the Poet, in: The Classical Quarterly 84 N.S. 40 (1990), S. 558-9

Morgan, *Autopsy* = Morgan, L., The Autopsy of C. Asinius Pollio, in: The Journal of Roman Studies 90 (2000), S. 51-69

Nadeau, *Ethiopians* = Nadeau, J.Y., Ethiopians, in: The Classical Quarterly 64 N.S. 20 (1970), S. 339-49

Naumann, *Laudes* = Naumann, H., Laudes Galli. Zur angeblichen Umarbeitung der Georgica, in: Sileno 4 (1978), S. 7-21

Naumann, *Leben* = Naumann, H., Was wissen wir von Vergils Leben?, in: Der altsprachliche Unterricht 24,5 (1981), 5-16

Nielsen, *Virgil* = Nielsen, R.M., Virgil: *Eclogue* I, in: Latomus 31 (1972), S. 154-60

Nisbet/Hubbard, *Commentary* = Nisbet, R.G.M./Hubbard, M., A Commentary on Horace: Odes Book 1, Oxford 1970

Nodelman, *Characene* = Nodelman, Sh.A., A Preliminary History of Characene, in: Berytus 13 (1959-60), S. 83-121

Norden, *Geburt* = Norden, E., Die Geburt des Kindes, ND Darmstadt 1958

Norden, *Orpheus* = Norden, E., Orpheus und Eurydice, ND in: ders., Kleine Schriften zum Klassischen Altertum, Berlin 1966, S. 468-532

Paratore, *L'episodio* = Paratore, E., L'episodio di Orfeo, in: Atti del convegno virgiliano sul bimillenario delle Georgiche, Napoli 1977, S. 9-36

Parke, *Sibyls* = Parke, H.W., Sibyls and Sibylline Prophecy in Classical Antiquity, hg. von McGing, B.C., London – New York 1988

Perkell, *Gallus* = Perkell, Ch.G., The „Dying Gallus" and the Design of *Eclogue* 10, in: Classical Philology 91 (1996), S. 128-40

Perutelli, *Bucolics* = Perutelli, A., Bucolics, in: A Companion to the Study of Virgil, hg. von Horsfall, N. (Mnemosyne, Supplementum 151), Leiden u.a. 1995, S. 27-62

Picard-Schmitter, *Bétyles* = Picard-Schmitter, M.-Th., Bétyles hellénistiques, in: Fondation Eugène Piot, Monuments et Mémoires 57 (1971), S. 43-88

Pollini, *Man* = Pollini, J., Man or God: Divine Assimilation and Imitation in the Late Republic and Early Principate, in: Between Republic and Empire, hg. von Raaflaub, K.A./Toher, M., Berkeley u.a. 1990, S. 334-63

Putnam, *Art* = Putnam, M.C.J., Virgil's Pastoral Art, Princeton 1970

Raaflaub/Samons, *Opposition* = Raaflaub, K.A./Samons, L.J., Opposition to Augustus, in: Between Republic and Empire, hg. von Raaflaub, K.A./Toher, M., Berkeley u.a. 1990, S. 417-54

Radke, *carmen* = Radke, G., Vergils Cumaeum carmen, in: Gymnasium 66 (1959), S. 217-46

Rich/Williams, *Leges* = Rich, J.W./Williams, J.H.C., *Leges et Ivra P. R. Restitvit*: A New Aureus of Octavian and the Settlement of 28-27 BC, in: The Numismatic Chronicle 159 (1999), S. 169-213

Richter, *Vergil* = Richter, W., Vergil, Georgica (Das Wort der Antike 5), München 1957

Rieks, *Dichtung* = Rieks, R., Vergils Dichtung als Zeugnis und Deutung der römischen Geschichte, in: Aufstieg und Niedergang der Römischen Welt 2,31,2 (1981), S. 728-868

Robertson, *Coins* = Robertson, A.S., Roman Imperial Coins in the Hunter Coin Cabinet, I. Augustus to Nerva, London u.a. 1962

Rudd, *Contribution* = Rudd, N., Virgil's Contribution to Pastoral, in: Proceedings of the Virgil Society 22 (1996), S. 53-77

Rumpf, *labor* = Rumpf, L., Extremus labor: Vergils 10. Ekloge und die Poetik der Bucolica (Hypomnemata 112), Göttingen 1996

Rumpf, *Nomina* = Rumpf, L., Bukolische Nomina bei Vergil und Theokrit, in: Rheinisches Museum für Philologie 142 (1999), S. 157-75

Saint-Denis, *Virgile* = Saint-Denis, E. de, Virgile Bucoliques, nouvelle édition, Paris 1970

Schanz/Hosius, *Geschichte* = Schanz, M./Hosius, C., Geschichte der römischen Literatur, Zweiter Teil (HdA 8,2), München ^{4}1959

Schaper, *Entstehungszeit* = Schaper, C., Ueber die Entstehungszeit der Vergilischen Eclogen, in: Jahrbücher für classische Philologie 10 (1864) = Jahnsche Jahrbücher für Philologie und Paedagogik 89 (1864), S. 633-57 und 769-94

Scheer, *Vindex* = Scheer, R., Vindex Libertatis, in: Gymnasium 78 (1971), S. 182-8

Scheithauer, *Bautätigkeit* = Scheithauer, A., Kaiserliche Bautätigkeit in Rom (Heidelberger Althistorische Beiträge und Epigraphische Studien 32), Stuttgart 2000

Schmidt, *Chronologie* = Schmidt, E.A., Zur Chronologie der Eklogen Vergils (Sitzungsberichte der Heidelberger Akademie der Wissenschaften, phil.-hist. Klasse 1974,6), Heidelberg 1974

Schmidt, *Glück* = Schmidt, E.A., Vergils Glück. Seine Freundschaft mit Horaz als ein Horizont unseres Verstehens, in: 2000 Jahre Vergil, hg. von Pöschl, V. (Wolfenbütteler Forschungen 24), Wiesbaden 1983, S. 1-17

Schmidt, *Freedom* = Schmidt, E.A., Freedom and Ownership: A Contribution to the Discussion of Vergil's First *Eclogue*, in: Papers of the Leeds International Latin Seminar 10 (1998), hg. von Cairns, F. (ARCA Classical and Medieval Texts, Papers and Monographs 38), Leeds 1998, S. 185-201

Schmitthenner, *Unternehmungen* = Schmitthenner, W., Octavians militärische Unternehmungen in den Jahren 35-33 v. Chr., in: Historia 7 (1958), S. 189-236

Schneider, *Problem* = Schneider, H.-Ch., Das Problem der Veteranenversorgung in der späteren römischen Republik, Bonn 1977

Schuol, *Charakene* = Schuol, M., Die Charakene (Oriens et Occidens 1), Stuttgart 2000

Seager, *Horace* = Seager, R., Horace and Augustus: Poetry and Policy, in: Horace 2000: A Celebration, hg. von Rudd, N., London 1993, S. 23-40

Seel, *Weltdichtung* = Seel, O., Weltdichtung Roms, Berlin 1965

Segal, *Tamen* = Segal, Ch.P., *Tamen Cantabitis, Arcades* – Exile and Arcadia in *Eclogues One and Nine*, in: Arion 4 (1965), S. 237-66

Sellwood, *Drachms* = Sellwood, D., The „Victory“ Drachms of Phraates IV, in: American Journal of Numismatics 2. Ser. 7-8 (1995-96), S. 75-81

Seng, *Eklogenbuch* = Seng, H., Vergils Eklogenbuch (Spudasmata 72), Hildesheim u.a. 1999

Setaioli, *L'epodo* = Setaioli, A., L'epodo XVI di Orazio nella critica del dopoguerra, in: Atene e Roma N.S. 19 (1974), S. 9-25

Setaioli, *amor* = Setaioli, A., Si tantus amor .. (Testi e manuali per l'insegnamento universitario del latino 53), Bologna 1998

Setaioli, *Postilla* = Setaioli, A., Postilla al problema della doppia redazione del quarto libro delle *Georgiche*, in: Prometheus 25 (1999), S. 177-80

Simon, *Selbstdarstellung* = Simon, B., Die Selbstdarstellung des Augustus in der Münzprägung und in den Res Gestae (Schriftenreihe Antiquates [sic!] 4), Hamburg 1993

Skutsch, *Gallus* = Skutsch, F., Gallus und Vergil. Aus Vergils Frühzeit, zweiter Teil, Leipzig – Berlin 1906

Skutsch, *Epode* = Skutsch, F., Sechzehnte Epode und vierte Ekloge, ND in: ders., Kleine Schriften, hg. von Kroll, W., Leipzig – Berlin 1914, S. 363-77

Smith, *History* = Smith, M., On the History of ΑΠΟΚΑΛΥΠΤΩ and ΑΠΟ-ΚΑΛΥΨΙΣ, in: Apocalypticism in the Mediterranean World and the Near East, hg. von Hellholm, D., Tübingen 1983, S. 9-20

Snell, *Epode* = Snell, B., Die 16. Epode von Horaz und Vergils 4. Ekloge, ND in: ders., Gesammelte Schriften, Göttingen 1966, S. 192-8

Starr, *Varus* = Starr, R.J., Did Alfenus Varus campaign in Germany, in: Historia 43 (1994), S. 249-52

Strasburger, *Vergil* = Strasburger, H., Vergil und Augustus, in: Gymnasium 90 (1983), S. 41-76

Strobel, *Weltenjahr* = Strobel, A., Weltenjahr, große Konjunktion und Messiasstern. Ein themageschichtlicher Überblick, in: Aufstieg und Niedergang der Römischen Welt 2,20,2 (1987), S. 988-1187

Stroh, *Horaz* = Stroh, W., Horaz und Vergil in ihren prophetischen Gedichten, in: Gymnasium 100 (1993), S. 289-322

Suerbaum, *Aeneis* = Suerbaum, W., Vergils Aeneis, Stuttgart 1999

Sutherland/Kraay, *Catalogue* = Sutherland, C.H.V./Kraay, C.M, Catalogue of Coins of the Roman Empire in the Ashmolean Museum, Part 1, Oxford 1975

Syme, *Revolution* = Syme, R., The Roman Revolution, Oxford 1939

Syme, *Sallust* = Syme, R., Sallust, Berkeley – Los Angeles 1964

Syme, *Pollio* = Syme, R., Pollio, Saloninus, and Salonae, ND in: ders., Roman Papers, Bd. 1, hg. von Badian, E., Oxford 1979, S. 18-30

Tarn, *Alexander* = Tarn, W.W., Alexander Helios and the Golden Age, in: The Journal of Roman Studies 22 (1932), S. 135-60

Tarrant, *Addressee* = Tarrant, R.J., The Addressee of Virgil's Eighth Eclogue, in: Harvard Studies in Classical Philology 82 (1978), S. 197-9

Tarrant, *Poetry* = Tarrant, R.J., Poetry and Power: Virgil's Poetry in Contemporary Context, in: The Cambridge Companion to Virgil, hg. von Martindale, Ch., Cambridge 1997, S. 169-87

Taylor, *Divinity* = Taylor, L.R., The Divinity of the Roman Emperor (Philological Monographs 1), Middletown 1931

Terzaghi, *edizione* = Terzaghi, N., Sulla seconda edizione delle *Georgiche*, in: Athenaeum N.S. 38 (1960), S. 132-40

Thraede, *Poesie* = Thraede, K., Die Poesie und der Kaiserkult, in: Le culte des souverains dans l'Empire romain, hg. von den Boer, W. (Entretiens sur l'antiquité classique 19), Vandœuvres – Genève 1972, S. 273-303

Timpe, *Partherpolitik* = Timpe, D., Zur augusteischen Partherpolitik zwischen 30 und 20 v. Chr., in: Würzburger Jahrbücher für die Altertumswissenschaft N.F. 1 (1975), S. 155-69

Török, *Kingdom* = Török, L., The Kingdom of Kush (Handbuch der Orientalistik 1,31), Leiden – New York – Köln 1997

Tozzi, *Storia* = Tozzi, P., Storia padana antica (Pubblicazioni della facoltà di lettere e filosofia dell'Univ. di Pavia, Istituto di storia greca e romana 16), Milano 1972

Uruschadse, *Ekloge* = Uruschadse, A., Vergils vierte Ekloge, in: Klio 67 (1985), S. 205-9

van Rooy, *„Imitatio"* = van Rooy, C.A., „Imitatio" of Vergil, *Eclogues* in Horace, *Satires*, Book I, in: Acta Classica 16 (1973), S. 69-88

Van Sickle, *Commentaria* = Van Sickle, J., *Commentaria in Maronem Commenticia*: A Case History of *Bucolics* Misread, in: Arethusa 14 (1981), S. 17-34

Van Sickle, *Reading* = Van Sickle, J., A Reading of Virgil's Messianic Eclogue, New York – London 1992

Veyne, *Gesellschaft* = Veyne, P., Die römische Gesellschaft, München 1995

Viljamaa, *Gallus* = Viljamaa, T., Gallus – Soldier or Shepherd?, in: Arctos 17 (1983), S. 119-22

VSD = Vita Suetoniana-Donatiana, zitiert nach: Vitae Vergilianae Antiquae, hg. von Brugnoli, G. u.a., Rom 1997

Wagenvoort, *Ecloga* = Wagenvoort, H., De Vergilii Ecloga Prima, in: Mnemosyne N.S. 58 (1930), S. 137-59

Wagenvoort, *Eclogues* = Wagenvoort, H., Virgil's Eclogues I and IX, ND in: ders., Studies in Roman Literature, Culture and Religion, hg. von Blankert, S. u.a., Leiden 1956, S. 233-73

Wagenvoort, *Eclogue* = Wagenvoort, H., Virgil's Fourth Eclogue and the Sidus Iulium, ND in: ders., Studies in Roman Literature, Culture and Religion, hg. von Blankert, S. u.a., Leiden 1956, S. 1-29

Waltz, *Bucolique* = Waltz, R., La Ire et la IXe Bucolique, in: Revue Belge de Philologie et d'Histoire 6 (1927), S. 31-58

Weber, *Kaiser* = Weber, G., Kaiser, Träume und Visionen in Prinzipat und Spätantike (Historia-Einzelschriften 143), Stuttgart 2000

Weinstock, *Julius* = Weinstock, S., Divus Julius, Oxford 1971

Welwei, *Augustus* = Welwei, K.-W., Augustus als vindex libertatis, in: Der altsprachliche Unterricht 16,3 (1973), S. 29-41

West, *Horace* = West, D., Horace *Odes* I, Oxford 1995

Wheeler, *Legio* = Wheeler, E.L., *Legio XV Apollinaris*: From Carnuntum to Satala – and beyond, in: Les légions de Rome sous de Haut-Empire, hg. von Le Bohec, Y./Wolff, C. (Collection du Centre d'Études Romaines et Gallo-Romaines, Nouvelle série 20), Lyon 2000, S. 259-308

Whitaker, *Elegies* = Whitaker, R., Did Gallus Write „Pastoral" Elegies?, in: The Classical Quarterly 82 N.S. 38 (1988), S. 454-8

v. Wilamowitz, *Vergilius* = v. Wilamowitz-Moellendorff, U., Vergilius. Zu seinem 2000. Geburtstage, in: Deutsche Rundschau 225 (1930), S. 12-22

Wilcken, *Inschrift* = Wilcken, U., Zur trilinguen Inschrift von Philae, in: Zeitschrift für Ägyptische Sprache und Alterthumskunde 35 (1897), S. 70-80

Wimmel, *Verhältnis* = Wimmel, W., Über das Verhältnis der 4. Ecloge zur 16. Epode, in: Hermes 81 (1953), S. 317-44

Wimmel, *Eclogen* = Wimmel, W., Vergils Eclogen und die Vorbilder der 16. Epode des Horaz, in: Hermes 89 (1961), S. 208-26

Wimmel, *Gallus* = Wimmel, W., Gallus und Thrakien bei Vergil und Horaz (zu Horaz c. 3,25), in: Würzburger Jahrbücher für die Altertumswissenschaft N.F. 21 (1996-1997), S. 229-37

Wimmel, *Tityrus* = Wimmel, W., Vergils Tityrus und der perusinische Konflikt, in: Rheinisches Museum für Philologie N.F. 141 (1998), S. 348-61

Winterbottom, *Virgil* = Winterbottom, M., Virgil and the Confiscations, in: Greece & Rome 2. Ser. 23 (1976), S. 55-9

Wirszubski, *Libertas* = Wirszubski, Ch., Libertas as a Political Idea at Rome during the Late Republic and Early Principate, Cambridge 1950

Witte, *Geschichte* = Witte, K., Geschichte der römischen Dichtung im Zeitalter des Augustus, Bd. 2,1, Horaz, Horazens Sermonendichtung, Erlangen 1931

Wlosok, *carmen* = Wlosok, A., „Cumaeum carmen" (Verg., Ecl. 4,4): Sibyllenorakel oder Hesiodgedicht?, ND in: dies., Res humanae – res divinae, hg. von Heck, E./Schmidt, E.A., Heidelberg 1990, S. 302-19

Zanker, *Augustus* = Zanker, P., Augustus und die Macht der Bilder, München [3]1997

Zecchini, *Asinio* = Zecchini, G., Asinio Pollione: Dall'attività politica alla riflessione storiografica, in: Aufstieg und Niedergang der Römischen Welt 30,2 (1982), S. 1265-96

Zetzel, Servius = Zetzel, J.E.G., Servius and Triumviral History in the Eclogues, in: Classical Philology 79 (1984), S. 139-42

7. Register

7.1. Eigennamen

7.2. Stellenregister